动机管理

陈龙◎著

中国广播影视出版社

图书在版编目（CIP）数据

动机管理 / 陈龙著． -- 北京：中国广播影视出版社，2022.8（2024.1重印）

ISBN 978-7-5043-8854-4

Ⅰ．①动… Ⅱ．①陈… Ⅲ．①企业管理－团队管理 Ⅳ．①F272.9

中国版本图书馆CIP数据核字（2022）第098919号

动机管理

陈龙　著

责任编辑　许珊珊
装帧设计　水日方设计
责任校对　张　哲

出版发行　中国广播影视出版社
电　　话　010-86093580　　010-86093583
社　　址　北京市西城区真武庙二条9号
邮　　编　100045
网　　址　www.crtp.com.cn
电子信箱　crtp8@sina.com

经　　销　全国各地新华书店
印　　刷　三河市同力彩印有限公司

开　　本　710毫米×1000毫米　　1/16
字　　数　200（千）字
印　　张　14
版　　次　2022年8月第1版　2024年1月第2次印刷

书　　号　ISBN 978-7-5043-8854-4
定　　价　58.00元

目录
Contents

第三篇　相信混杂动机

第四篇　管理事件案例

第五篇　打造高绩效团队

第六篇　打造高士气团队

第七篇　打造高人际团队

动机管理，助推"下一代"领导者

下一代领导者将从何而来？这似乎是所有企业和组织都面临的问题。Saba公司的研究表明，59%的受访者认为，继任计划在当今的商业环境中是一个相当大的挑战；另外30%的人力资源领导者都在努力寻找填补高层领导位置空缺的候选人。

许多公司苦于寻找具有领导能力的各级管理人员，有时候又发现没有合适的方法来培养和提升他们的能力。

企业需要建立更好的领导力发展项目，选择最合适的针对性课程，拥有正确、适当的激励和晋升机制，最终创造一种能够吸引领导人才的企业文化。

而《动机管理》就是解决这些问题的一本书，同时也是一门好的课程。陈龙老师经过多年打磨，终于将书籍编辑成册。

当今的商业环境越来越注重"快"，领导力的提升同样要有"快速心态"。本书就能加快这一进程。

案例编辑学习内容

研究不断证实，将学习内容化整为零，每隔一段时间再进行学习，更容易让大脑吸收，案例编辑的教学方法正好符合"工作记忆"的节奏，"多样化""碎片化""独立性"，这些都是案例管理独有的特性，任意组合，随意切换，看似无序的内容，却拥有系统的管理理论的支撑。

重点学习管理技能

领导者的学习动力更多来源于现实难题，"动机管理"就像激光束一样，定点投射到必须获取的技能上，这些能力可以帮助管理者甄别不同的矛盾，选择更为合适的解决方法。本书包括二十四个案例，每一个案例都对应不同的知识点、工具和方法，可以满足领导者的各种需求。

留出适当缓冲时间

当领导者面对面交流的时候，重要的不是传达信息内容本身，而是高回报的互动机会。当培训时间只能限制在很短时间内的时候，参与者的互动和缓冲是头等重要的。有针对性的谈话、特定内容的分析、行动的口头承诺等都能够帮助领导者创造"属于自己的领导方法"，这有助于领导者根据已知的内容整合成新的信息，在有需要的时候更容易应用到工作中。

加速管理学习速度

课堂学习的最大挑战之一是改变节奏，迎接如今的快节奏学习模式，告别过去慢节奏的学习模式。《动机管理》采用案例互动的方式：针对分析、团队研讨、结果公布、工具使用、巩固练习，这种方式简洁明快，特别适合领导者高强度地吸收学习内容，加快学习速度。

《动机管理》，说的是动机，讲的是管理，是领导者的必修课。

北京九智纵横管理咨询有限公司　总经理

许美玲

致读者的一封信

致亲爱的你：

Hi，见信如面。管理到底是什么，很难找到一个简单清晰的定义。在21世纪这一快速发展变化的时期，它又会走向何方？循着管理的逻辑，让我们走进团队，理解管理。有人说，团队管理正从感性走向理性，事实上，单纯的理性是无法与个性共融的。如何将感性与理性相结合，甚至向多元化的感性回归，这将是团队发展的趋势。

团队没有特定的形态，是在动态中不断发展变化的。团队是由人组成的，而人是无法掌握的，这就意味着团队的管理与激励是很难单纯通过制度和规范直接产生效果的。说到动机，这就更加难以预测了。受员工的需求、动机、状态、绩效、环境等多重因素的影响，团队管理被严重低估和误解。

需求有多复杂，管理就有多矛盾。所幸的是，在高速发展了40多年之后，中国积累了丰富的商业实践、管理实践的经验和教训，这就逐渐形成了属于自己的"中国式管理"。

从理性的角度来看，管理是冰冷复杂的工具，是一切运转和实现的基础。从形象的角度来说，管理就像是疫情时期的疫苗，疫苗本质上就像守城的军队，病毒攻城，守卫军可以以一敌十，甚至以一敌百。但在攻城敌军数量超过一定量级后，城池会被攻破，这就导致了感染。破城后由于破城敌军数量没有那么大，又及时被发现，及时治疗相当于援军已到，消灭残存敌军，那么攻城后的破坏力就没有那么大了。管理就是如此，找到适合你团队的方式就能大大丰富你的管理手段，改善你的管理效果。

今天，我们来聊聊动机管理。

动机是管理团队的基础

说到管理团队，我们通常会想到一个管理的制度或工具、一套全新的管理理念。却很难意识到，那些来自于生活中的点滴、那些烦琐的小事、那些日常的管理，这才是应该被重视的。我们总是轻视身边的东西，而动机管理恰恰就是这些看得见、感受得到的动作。

要想把事情做好，必须学会"管人"的方法，而管理和改造他人，无疑是极其困难的。相对容易的反而是管理者自身的动机，所以动机管理是一切管理行为的"核心"。

管理学被人诟病的一大原因就是，在这门学问中，理论看上去都是浅显易懂而且是不言自明的，这好像是学者在故弄玄虚。对真实管理的认知，其实一向是艰难而缓慢的，主要靠经历和反思。就像对一个人的认知，你无法用简单的话清晰地定义一个人，但你可以纵观他的工作经历，通过这些事实和工作结果认知他。

帮助管理者厘清管理目标、管理矛盾、管理方式是动机管理的主要任务。

团队发展战略是管理团队的前提

团队管理的根本目的就是谋求提高劳动生产率，改善利润水平，完成组织目标和战略。而这些的前提是由什么人来完成，这变得很关键。

并不是态度最好、能力最强的员工就是"最佳"人选，核心的矛盾就在于能力越强、经验越丰富，他对个人薪酬的要求就越高，带来的潜在"矛盾"也就越激烈。

团队管理不再被认为是单纯的测量、控制和监督，还要关心诸如价值观和动机需求等更为抽象、模糊的概念，这就将团队的稳定、团队的当前状态、团队的理想状态等问题变得清晰化，为管理者将团队管理从混乱而自发的艺术转化为清晰、明确而可控的科学。

量化管理是当前管理的难题

如何从简单粗暴地处理团队问题的困境中走出来，找到适合自身团队的"最佳"方式？量化管理更容易让管理者看到和相信这一管理理念。

泰勒发现了工作，福特发现了大规模应用的工作，斯隆组织了工作。而现实是，是人在完成工作。福特说"人工作有两个原因：一是为了工资，二是因为担心失去工作"，于是泰勒提出了团队管理的方式，并列出了三大步骤：压制、妥协、整合，其中"整合"是他认为相对积极向前的概念。整合的策略是："发现真正的冲突，将双方的需求分解开来，然后糅合到一起。"

倘若我们的思考陷入了非此即彼的模式，我们的眼界就小了。我们的激励活动就会因此受到限制，我们事业成功的希望也随之渺茫起来。

数字化、智能化时代的到来，为我们打开了一扇新的窗。通过实践建立管理模型，可以让我们直观地预测各种管理行为的指标，这与德鲁克所推崇的互惠式领导不谋而合，这也为快速整合的达成创造了条件。

多样激励，触动团队的脉搏

德鲁克创造了管理圣经，其中有一句话经常被人引述：组织的难点，只有一个目的——激励员工。充分为员工个人考虑，多花时间满足员工需求，竭尽全力把薪酬制度做好。

这是一个均衡过程，单纯以物质激励的思维会使管理者视角狭隘，但是走到反面的极端，就是"人性化极端"，让很多公司痴迷于响应员工每一次的心血来潮而失去自我，没有找到适合自我的激励办法。

关于需求，最为众人所知的就是马斯洛的需求层次理论，这位人类动机理论的管理学大师提出了生理、安全感、爱和尊重、自我实现等需求状态。

当然还包括麦格雷戈、克里斯·阿基里斯、弗雷德里克·赫思伯格等大师提出的各种激励理论，这就形成了员工动机九格解码模型（本书正文中会有详细解释）。

激励管理需要从理念管理向管理方式做转变，需要从制度激励向过程激励做转变，需要从激励口号向管理落地做转变。

风险、冲突、泡沫，路在何方

随着经济、商业和科技的高速发展，现代企业已经成为庞然大物，在智能、协同等理念的鼓吹下，公司设置了错综复杂的层级结构。政策的不可控性、环保的要求逐渐深化、疫情的反反复复，又将组织的经营风险推向了另一个高峰。

这就对企业的生存提出了更高的要求，也就是在团队发展的过程中必须关注经营状态。改革似乎势在必行，其重点就是赋予员工责任，让他们了解组织经营的情况，鼓励每个人承担更多的责任，在每个能出得上力的地方拥有发言权，需要在提高工作效率和改善工作生活之间寻找平衡。

现实的挑战是如果企业不提高生产力，我们的员工就会陷入一代不如一代的状态。在重新发掘吃苦耐劳的草根管理经验的同时，要进一步调动和激发员工的工作潜力。

管理是变化的、更新的，没有一劳永逸。

彼得·圣吉提出的第五项修炼，强调了愿景、宗旨、结盟和系统性思维对组织的重要性。

公司越来越像部落：如今的招聘是要找出具备正确态度的人，再训练他们他们掌握适当、有用的技能，而不是反过来。

——乔纳斯·瑞德斯

其内在的含义是：企业如果无法学习或找出具有吸引力的价值观，它将无法继续存在。

观念决定生死，观念推动管理。

北京半亩方塘管理咨询有限公司　　总经理

樊彦波

[推荐序三]

动机管理，让管理者成为企业领袖

新一代管理者所面临的挑战，与之前的领导者有着根本的不同。其中最大的不同，不是环境的变化，也不是技术的改变，而是要让管理的逻辑遵循那些"不变"的定理。

今天的管理能力要回归管理本身的逻辑，实质就是要遵循管理的本质。

管理就像戏剧演出，在精心设定好的管理情境中，每一个管理者都是演员，在解答各种管理难题的过程中，去反思和寻找最佳的管理实践。究竟如何才能扮演好自己的角色呢？或许每个人都有自己不一样的理解，其实最重要的就是能够用真心、真情实感去演绎，去追求最佳的结果，并享受这个过程，最终每个管理要做的就是演好自己。

很多时候我们常被创新、变化、模式冲昏了头脑，来一股风潮我们就开始不停地学习、跟风、改变。事实上，我们只要坚守管理最核心不变的内容，就能真正建立管理的标准，培养系统的管理能力。

管理的本质就是，有志同道合的伙伴，愿意行动，寻找合适的方法，完成一个又一个的目标。

管理者要具备成长性，自我管理、自我修炼、自我成长，寻找和培养自己的内驱力，思维和意识领先一步；管理者要寻找和培养足够的跟随者、同行者和指导者，组织的成功最终一定是人的成功；当然不能只有团队，我们还要有行动，组织的目标要想和结果结合在一起，就需要行动，让每一个员

8

工切实感受到过程。

如果管理者具备了这些，哪怕组织今天非常小，组织的未来也值得期待。

透过案例看管理，是陈龙博士的理念。案例从结构的角度具有"真实、形象、生动"的特点，可以帮助管理者将问题显性化、结构化、形象化，从感性的角度看待矛盾，很快转化为理性的认知与评判，这是很多理论管理无法企及的。

《动机管理》的第一个特点就是真实，即让隐性思维显性化，这就让管理者更容易静下心来思考，不管管理者的年龄、背景、职位和学历，让大家更关注于管理本身。第二个特点就是"重构"，也就是结构化，通过特定的案例将现实中一个个看似没有什么关系的内容结构化，这样更容易将管理者的经验进行梳理、总结和升华，从而形成系统的管理理论。第三个特点就是管理思维的形象化，通过管理测评、工具、表格、评估、情景模拟等方法，把管理者的思考迅速转化为行动和手段，直接运用于工作实践，加速了培训效果的转化。

这本书更像是一本管理工作手册，既有具体的方式方法和工具，又有背后的理论支撑、延伸思考。各级管理者可以把它放在手边，常读、常对照、常思考。当然如果能够通过沙盘模拟课程的培训，引入更多的互动分享，显然会加速学习的过程。

北京嘟乐管理咨询有限公司　总经理

孙　昕

[推荐序四]

与管理者来场虚拟对话

　　每一个管理者不可能亲自体验管理的方方面面，很多时候能力的提升必须靠管理者的悟性来实现。著名科技预测和创新专家丹尼尔·伯勒斯认为，虚幻技术将是下一波重大的科技革命，未来也将改变管理者学习的面貌。

　　管理者对于学习最大的抱怨之一，是觉得管理理论根本无法与实践相结合。事实上确实如此。我们每天上班、开会、做报告，甚至是给下属安排工作，哪怕是日常的聊天，都是实际的行为，在管理培训中我们不可能完整再现这个过程。

　　然而，陈龙老师的《案说管理》，给了我们一种新的思考，我们未必需要100%呈现管理的原貌，只要能创造我们对场景的想象，将管理的互动横向转为团队的互动和决策即可，于是有了《动机管理》中真实背景下，连续20多个管理场景中管理者的抉择。

　　从中我们可以看出，管理者在与自己对话的过程中，选择和判断管理行为的优劣，多元的、理性的、交互的培训形式就此展开。这创造了管理者学习的可能性，他们的学习不再只局限于自己岗位相关的知识技能上，而是有机会接触更广阔的思路和方法，学习任何他们觉得有趣、有用的东西。很多时候，我们发现真正被管理者记忆的其实是给他们触动的或者他们自己愿意接受的。

　　每一个案例给了管理者真正面对自我的机会，每一次选择都是重新思考的机会，每一次回答都是检验和反思的过程，还有什么培训方式比这更有效呢！《动机管理》是真正适合管理者学习的课程。

北京百睿源企业管理顾问有限公司

白小贝

做自己工作和生活的CEO

我们给自己出的问题，造就了时光中的我们。

生活就是一种需要不断平衡的运动，总会有一些出人意料的事情发生。工作上有一些弹性对个人会有帮助，但很多时候我们又会被这种变化困扰。我个人并不能把工作和生活的界限划分得很清楚。我无法抛开一切而专注于一件事情，我的家庭和工作经常会有交叉，因此它是一种一揽子交易，很难抛弃一端而只顾另一端。这就需要我做出一种平衡，做出一种选择，做出一种改变。

我要列出自己的问题清单，这也是我的挑战清单。我应该更关注于解决这些问题。事实上，很多时候在提出这些问题的同时，我们已经对结果有了要求。

那么，你想改变平衡工作与生活的方式吗？

在我的生活中好像只有一件事情——工作！我时刻都能感觉到一丝忧伤，好像我的生活缺少了什么，我真的感到疲惫不堪。是的，我对工作很满意，也确实把每件事情都做得很好，但我意识到我的每一天都被工作、差事、家务和睡眠所占据，天天如此。我开始厌恶现在的生活方式。

现实中，有很大一部分优秀员工的离开是因疲惫至极而不得不选择离开。悲观主义是个骗子，它吸引我们的注意力，却不让我们参与改变。我们必须认识到真相并提出要求来对自己的生活做出改变，我们必须接受这一现实：自己没有必要承担一切。我们应该允许自己消减一部分工作量，意识到我们没有必要再维持过去那种将全部个人生活都卷入工作之中的超负荷模式。没有人强迫我们把自己搞得如此疲惫。通过这种微小的变革措施，我们能感到自己可以再次回到对工作的热爱，并且更好地照料自己的生活。

当我可以在家工作时，必要时我会做做家务。我认为在家工作对家庭很有益处，因为我可以抽出时间陪陪孩子，而他们入睡后我可以在深夜完成余下的工作。我只需要做出合理的工作安排，将工作和生活更有效地组织起来，从而让生活更有弹性。

很多时候，我们没有办法选择自己职业的状态，要么拼命出差，要么无休止加班。要想工作和生活结合是根本做不到的。有人经常会问：你是如何平衡工作和生活的？我的答案很简单：工作时就要当最职业的讲师；回到家，就尝试做最好的父亲和老公。有的时候，我自己都感慨，出差可能比在家的效率还高。回到家，不只是给我自己洗衣服，而且还得给爱人和孩子洗衣服，不仅要做饭，还得照看一下孩子的作业情况，只有在他们睡觉以后，才能做一点自己的事情。但我很享受这种状态。

每天结束时，我都会问问自己：今天我都干了什么？我为讲好一门课做了哪些努力？我是不是一个好丈夫？我为自己的孩子的成长又做了点什么？

现实生活和工作充满了问题和矛盾，一眼看不到底的矛盾，行就行；不行，我们就再想想办法。然而，旧的答案分崩离析，新的方法还没有着落。

你不满意自己的生活和工作的协调方式吗？你想到改变和调整它们的方式了吗？你有没有真正做出努力，尝试改变这些？其实你并不孤单！有很多人常常和你一样，他们对此也束手无策。

面对复杂，我们要保持欢喜！

那就从今天开始吧！

每个人都要面临变革。从本质上讲，核心就是：我们每个人都需要成为自己的CEO，我们需要开始做出一些改变，了解自己真正内在的动机。

第一：创造更多选择

第一个准则根植于这样一种意识，即必须把自己看作能够驾驭自己生活的人。或许你原来从未把个人生活想象成一种需要像CEO那样积极进行领导和管理的事务，但为了实施重要的生活变革，你必须这么做！无论是否意识到这一点，作为自己生活的CEO，你经常都要对如何管理工作和生活做出选择。因此，在对工作和个人生活的管理方面，你拥有比想象的还要多的选择。你有权创造出更多的工作与生活的选择。在把自己当成工作、生活和命运的主人之后，你将能够做出更好的选择；你将看到自己不会再受高度紧绷的工作计划给生活带来的束缚；你将开始了解一种新的思考方式和如何制定决策的思考框架。

第二：创造更多弹性

现代社会进入了快速变化的时代：一是从工业经济时代的以"管理"为核心过渡到知识经济时代的以"管人"为核心，即以人为本的管理；二是从工业经济时代的"标准化"管理过渡到体验经济时代的"个性化"管理；三是从重"步骤"的管理逐步发展到重"结果"的管理。

这对我们来说意味着什么？很难有一份职业能够为你提供三四十年的工作保障。在同一个企业那里完成自己漫长职业生涯的想法已经成为过去，你需要管理自己的职业和生活，做出决策，照顾自己，并且积极管理你的决策，以创造自己想要的生活。你需要创造更多机会去实现各种可能性。无论你所在的企业实施何种管理制度和政策，你要在工作计划、工作时间、工作地点和工作方式中创造更多弹性，更好、更快、更有效地实现你的工作成果。

第三：创造更多平衡

我们需要尝试着把工作和生活的管理当成是一种平衡运动。不管是选择每天一次的静思还是选择正式的短期研讨，你都可以亲近自己的灵魂和想象力。真正去反思自己的经历，从中学习并让自己得到更新和补充。

　　生活不是每个环节都构思巧妙的谜语，也不是一支各种乐器都步调一致奏出和谐乐章的管弦乐队。在任何单独的时间点上，一种得到完美平衡的生活画面只是我们中为数不多的人才能达到的境界。

　　在这个过程中，我们要跳出"完美平衡"的陷阱，也不要让现实再去"残忍"佐证对方判断的局限性，好像总是处在一种非输即赢的关系之中。

　　人们在生活的不同阶段，对工作维度和非工作维度的优先顺序选择不同。不同人在生活的不同节点会赋予生活的不同维度不同的权重，而且会随环境而迅速变化。

　　做出变革的第一步就是开始考虑在工作与生活之间建立积极的关系，以使自己同时对二者感到满意。当你做到这一点时，你就不会觉得自己因为为工作付出太多而无法实现自己的个人生活梦想和日常需求；也不会觉得为了"享受生活"和满足家庭或个人需要而妨碍了自己的工作或放弃了自己的职业梦想。如果事情都能在更加健康的关系中得到更好的结合，那么你对自己未来生活的可能方式就拥有了一个新的远景。这种思考方法使你能够构思新的可能性去挑战当前的所作所为，从而使你不断向自己梦想的生活方式迈进。

　　不要忘记，改变是循环过程的一部分。人们在向解决方案不断接近的过程中，经常要进行不断的试错并且从新的方式中得到反馈。不亲身经历，你很难对某种特定方式做出评估和判断。我们必须不惧怕实验并且能从错误中汲取教训，这就需要试错并认真从每次反馈中总结经验。

　　想象一次行动后，我们成长的样子，这会给我们更多信心。

　　就像电影《哈利·波特》中一样，你需要找到自己的9¾站台，在理想世界和现实世界中反复穿梭，进而改变自己，获得成功。

第一篇

动机影响业绩

智力、想象力及知识，都是我们重要的资源。但是，资源本身所能达成的是有限的，唯有"有效性"才能将这些资源转化为成果。一个重视贡献的人、为成果负责的人，不管他的职位多普通，他仍属于"高层管理者"。卓有成效是一种习惯，是不断训练出来的综合体。

——彼得·德鲁克

■ 管理的核心就是管理动机

知识经济时代，人力资源显示出空前的重要性。有关资料表明，在29个高收入国家，人力资本平均达到本国财富的67%。"与传统制造业75%的机器设备成本相比，新兴IT产业的75%是人工成本。"然而美国学者调查发现：按时计酬的职工每天只要发挥自己20%—30%的能力，就足以保证个人不被解雇；若充分调动积极性和创造性，其潜力可以发挥至80%—90%；最优秀雇员的绩效比平均水平员工高600%。组织成员可能"出工不出力"，形成所谓"工作休闲"现象，给组织造成巨大的损失。

任何人在工作中的表现都可以归因于两样东西：一是能力，二是动机。要想把工作做得出色，这两条缺一不可。行为被定义为一个人对待他人的方式，动机是指导持久行为的内在方法。这意味着员工经常受到自身的启发，而不是总是受到外部因素的影响。由于行为管理理论在很大程度上依赖于行为和动机因素，因此产生了更高效和满意度的员工群体。

能力各有千秋，纷繁不同；而动机归总一下，种类也就那么几个。

马斯洛关于人的五个层次需求，每个需求都可以成为人们的工作动机。当一种需求成为行为的决定因素时，这种需求就是动机。管理他人其实是要善于透过行为的表象，试着找出相应行为的动机。

有三种动机比较常见，了解这三种动机，对管理特别重要。

1."获得成就的动机"。有这种动机的人，特别希望自己能够达到优秀的标准，并且在竞争的环境中能够获胜，也就是我们通常讲的"特别有好胜心，特别希望出人头地"。马云的口头禅就是"我希望把生意做大，改变世界"。

2."获得权力的动机"。权力是一个人满足自己受到社会承认、自尊、自我实现需求的一个标志。人的权力动机又细分成"单一性的权力动机"和"社会性的权力动机"：单一性的权力动机就是拥有权力的人，时时处处都想利用权力来解决问题，注重大权在握的感觉；社会性的权力动机是指知道掌握权力的目的，是为了团结大家，共同完成组织的目标。德才兼备的"德"字，一个很重要的内容，就是应该把权力看成是社会性的权力，如果仅仅具有单一性的权力动机，那还够不上"德"字。

3."获得归属感的动机"。因为人是群居动物，所以每个人本能上都在意和周边的人发展良好的人际关系，希望有一个圈子、合群、人缘好。但是人的归属动机有强有弱，有的人虽然个人能力不强，业绩不是那么好，但是归属感强，觉得自己是这个圈子里的，他的心理感受会很好，也会有安全感；相反，有的人能力很强，但主观意愿上不屑于归属于某一个圈子，特别不在意他人的感受，所以即使业绩好，也会被大家排斥。

每个人都是多种动机的结合体，而且，动机是与环境有关的。环境合适，这个动机就会成为一个愿望，这就是管理者可以利用的地方。要善于观察和判断每一个下属的动机，用各种方法帮助他们去建立和形成愿望。

弗洛姆认为：如果一个行为被人们认为是有助于达到他们的目标，他们就会接受；而如果判断下来这个行为会导致负面结果，他们就会拒绝。弗洛姆的逻辑看上去很简单，但背后隐含了一个"从动机到愿望，从愿望到努力，再从努力到目标"的逻辑，这个逻辑其实就是管理的逻辑。对一个管理者，在准备开始管理他人之前，必须先要记住"动机—愿望—努力—目标"这样一个传导链条。

在这种情况下，团队动机管理显得极为重要。组织成就动机管理就是对组织成员个体成就动机水平进行检测、培养和控制，使组织总体成就动机维持在适当水平，并保持成就动机在组织内不同职业中适当的分布状态，同时，在管理中采取与成就动机原理相容的管理工具。

■ 员工绩效模型

　　"平衡"也许是中国文化中最为重要和影响深远的概念之一。我们不喜欢任何事物走向极端，包括我们所进行或接受的管理。对今时今日的管理者而言，我们所面临的巨大挑战在于如何运用正确而恰当的方法，在管理事务和管理人之间找到一个完美的平衡点。

　　有时候科学的方法论可以在事务的管理上帮助我们提升效率和准确性，但在人际管理上则不那么好用。与处理流程和标准时不同，我们很难通过一些简单的模型来描述和预测人的行为。然而过于依赖感觉和经验，则会使人际管理具有太大的不确定性。在不精确的科学和有局限性的经验间抉择，这也是一个平衡的过程。

　　2008年麦肯锡进行了一次大规模的针对"80后、90后员工管理问题"的调研，整个调研过程持续了三年之久。然而调研的结果有些令人意外，事实上，这些年轻员工并不像社会所普遍评论的那样缺乏职业精神。尽管有人坚持给他们贴上这样的标签。

　　从执行层面而言，目前管理者所遇到的最棘手的部分问题统计如下：

1. 员工缺乏自主精神
2. 员工发展速度不理想
3. 高员工流失率和相关成本所带来的压力
4. 消极工作或负面情绪

　　那么，我们该如何解决这些问题呢？

　　管理行为对团队成员的实际效果受到团队成员的组成、任务的特性、人际关系等的影响是巨大的，不可否认的是，我们必须承认在意愿和能力两个维度下，不同员工对组织的绩效贡献是不一样的。

员工业绩公式：员工业绩＝能力×动机。能力决定了员工的效率，动机决定了员工会为此做出多大的努力。

麦肯锡的管理学家为了让大家清晰地看到这中间的差别，分别把动机分成了五级，能力分成了五级，做了一个员工绩效的模型。

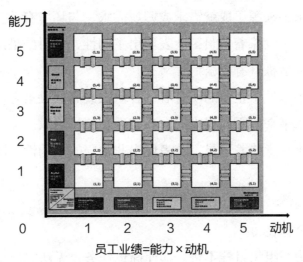

员工业绩＝能力×动机

关于动机

第一级：负强动机（有较强的阻力）

负强动机水平多见于能力较强或者人际关系弱的群体。

这种动机水平来源于缺乏安全感和基本保障所带来的忧患意识。

这种动机水平意味着该员工处于一种极不稳定的状态。

第二级：负弱动机（有较弱的阻力）

负弱动机水平多见于新员工和新晋管理人员。

这种动机水平来源于对环境的不适应和人际关系的处理问题。

这种动机水平意味着该员工处于一种与外界环境隔离的状态，受自我意识的影响较大。

第三级：零动机（没有明显的推力，也没有明显的阻力）

零动机水平多见于工龄较长而职位一直没有变化的员工或新员工和管理者。

5

这种动机水平来源于自我意识定位的不确定和自我否定。

这种动机水平意味着该员工不会怠工，但也不会表现出主动性。

第四级：弱动机（有较弱的推动力）

弱动机水平对企业员工来说，是常见的情况。

这种动机水平来源于成就需求或归属需求，与环境有关。

这种动机水平意味着该员工会表现出主动性，但对结果比较在意。

第五级：强动机（有较强的推动力）

强动机水平多见于企业的所有者、合伙人或高层决策者。

这种动机水平来源于高层次的自我实现和精神追求。

这种动机水平意味着该员工会表现出非常强的主动性，能够自我激励。

关于能力

第一级：个体能力

个人的能力与组织目标不符，即使简单任务也无法完成。

第二级：团队能力

个人无法独立胜任，可以辅助、配合、协同他人完成任务。

第三级：人岗匹配

个人能力能独立胜任，完成岗位和职能的工作与任务。

第四级：潜在能力（隐性能力）

实际能力高于岗位要求，只是没有机会验证和磨炼，这部分能力是会消失和退化的。

第五级：专家能力

能力高于岗位要求，并能解决特定的负责任务，具有不可替代性。

为了更好地区分不同绩效状态的员工对团队的影响或者说贡献价值大小，我们按照能力影响优先、动机影响次之的顺序来设定，分别用数字1、2、3、4、5来代表员工的能力和动机等级：（1，1）员工的绩效价值是1，（1，2）员工的绩效价值是2。以此类推，（1，5）员工的绩效价值是5，

（5，5）员工的绩效价值就是25。

不要幻想员工一上岗就能独当一面，不要强求刚刚就职的员工就会对你心悦诚服，更不要强求员工热情洋溢地为企业奉献或者为部门目标而奉献。因为这样的员工无法自然产生，而是要靠管理者悉心培养。所以员工绩效模型可以给管理者这样几点启示：

第一，员工的绩效取决于他的绩效状态。员工的绩效状态在某一时间是固定的，他是什么样的人是由他的能力和动机决定的。员工绝大多数的绩效不是由管理行为决定的，而是在内驱力的情况下，自然而然地产生。不要总是想着把一个（3，3）员工发展成为一个（5，5）员工，难度大，投入产出就不成正比。

第二，不同的岗位需要不同的人，适合的才是最好的。假如你需要不断地提升销售业绩，你就需要精英化的销售人员，那么招聘、培养、激励（5，5）员工就是团队发展的难点。如果你需要的是持续、稳定、长期、固定的工作完成，那么可能（3，3）员工、（3，4）员工、（4，3）员工就最适合。将合适的人放在适合的岗位上，既能保证业绩的稳定实现，又降低了潜在的风险和管理难度。

第三，不同绩效状态的员工，都有自身的优点和潜在的管理矛盾，我们要对员工有客观的认知。

是不是（5，5）员工是组织中最想要的员工状态？当然，团队中如果有（5，5）员工会降低管理者的管理难度，（5，5）员工既有积极性，又有足够的能力做出判断，他们可以自己推动问题的解决并保持高绩效。但我们同时也要客观地认识到员工的绩效状态不是一成不变的，员工的绩效状态会随着环境等因素的变化而改变。员工目前处于（5，5）的状态就意味着员工愿意自我驱动、主动积极、风险付出，意味着这些员工对未来有追求、有期待，希望未来能得到更多的机会成长、晋升或得到更高的报酬。如果这些员工在付出时，这些诉求长期得不到满足，员工的动机就会受到影响，（5，5）员工就会变成（3，5）员工，甚至变成（1，5）员工，直至离开现有团队。

第四，员工的绩效状态并不是一成不变的东西，需求、金钱、信念都会影响员工的工作状态。研究表明，员工绩效状态的负面影响因素，实际上来自管理者的日常管理行为，因此，提升员工的绩效状态核心来自改善管理行为。原则上来讲，员工绩效状态的改变是一个循序渐进的过程，以员工绩效坐标图而言，短期的管理行为只会让管理者移动相邻的一格，例如员工绩效状态上移、右移代表的是员工绩效上升；如果员工绩效状态左移、下移代表的是员工绩效下降。

你希望拥有什么样的员工，你就应该用什么样的方法或者心态去培养他。你需要调动自己所有的技能，包括人际技能、管理技能、业务技能等，去赢得员工的尊重和信任。你需要真正地关心员工，了解他们的期望，并且将关心他们、爱护他们变成一种习惯，为他们的职业发展负责，甚至能够想到他们的生活所需。

你需要像师父一样，不仅把员工当成一个能够完成任务的人，还要把他当成一个拥有成长欲望的徒弟，耐心地教育他，手把手地指导他，毫无保留地将你所知道的告诉他。说到底，这里的员工绩效状态的贡献值，可以理解成是员工的"人效"。

每个人都有不同的价值观、态度、信仰、文化，以及不同的工作习惯、奋斗目标、志向和梦想。如何将这些不同的个体组建成一支高绩效的团队，有赖于管理者充当的角色，管理者必须在工作中扮演多重角色。

■ 动机成就业绩

彼得·德鲁克说："传统的管理者时间属于别人，有效的管理者时间属于自己。"如何成为有效的管理者？中国古代韩非子讲了一句话很经典：

"下君尽己之力，中君尽人之力，上君尽人之智。"

第一个境界是尽己之力，就是尽自己的能力做事情，这也是目前大多数管理者的误区，不展开说。

第二个境界是尽人之力，这没错，因为管理者需要充分发挥别人的能力。

第三个境界，真正好的管理者并不是"尽人之力"，而是"尽人之智"。也就是说，他不只是让别人发挥能力，而是把别人自己都意识不到的智慧都开发出来了。

如果不能"尽人之智"，不能让更多人有创造力、产生更多绩效，而是尽己之力去做别人重要的事，管理者自己也不能去做更重要的事情，最后会陷入一个死循环。所以，如何"尽人之智"？

我们可以用"员工绩效模型"进行拆解。要驱动一个人行动，必须同时具备三个元素：动机、能力和触发器。

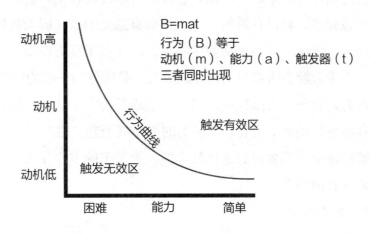

也就是说，只有当一个人有足够的动机，并且有能力去做到，还要有能触发行动的触发器来提醒，一个行为才最终可能发生。

对管理者而言，要更好地"尽人之智"，激发下属的潜能和创造力，可以利用好"员工绩效模型"，从动机、能力、触发器这三点着手。

1. 激发动机

为什么王石说"绩效主义就是企业的脓包"？毫无疑问，绩效考核是非常有效的短期管理手段，但仅此而已。

行为学上的大量研究表明：在一些专业职位上，纯粹的惩罚或物质奖励，会降低员工的专业荣誉感。尤其在互联网这样的创造性行业，需要高度依赖员工创造力的公司，当员工讨厌某件事时，是很难有真正创造性的产出的。那么，真正有效激发员工创造力的方法是什么？瑞·达利奥在《原则》一书中，提出了这样一个观点：进化是生命最大的成就和最大的回报。进化是出于本能的，所以大多数人都会感觉到内心深处的这种动力。

也就是说，我们本能地希望把事情做得更好，本能地创造和改进技术以帮助自己。

换言之，我们每个人都本能地希望自己能够更好地成长进化，自己做的事情能够帮助更多人，让这个世界更美好一点。而激发员工创造力最好的方法，就是顺应这种本能。因此，管理者可以经常将用户的认可发给团队，让团队成员知道，自己在做的，是一件很有意义的事。因为我们真真切切帮助到了别人，让这个世界更美好了一点。放在员工绩效模型中，就意味着向上推、向右推，就意味着员工自身的成长，是向好的一面的成长。

再有，管理者可以挖掘出员工想要成长为一个什么样的人，然后放低姿态，真诚地帮助员工成长，为员工的工作赋予意义感。

顺应每个人想要成长进化的本能，为员工的工作注入"意义"，是每个管理者的有用功之一。

2. 培养人才

杰克·韦尔奇有一句经典名言："在你成为管理者之前，成功的标准是如何让自己成长；在成为管理者之后，成功的标准是如何让别人成长。"一些管理者可能担心，现在员工的平均在职时间都比较短。领英统计的数据指出，95后平均工作7个月就离职。况且培养一个员工，无论是试错成本还是时间成本，似乎都隐含着极大的不确定性。

而事实上，从经济学资源最优配置的角度考虑，只有学会培养员工，让员工的能力更强，管理者才能更好地授权，进而才能有时间去做更重要的事——管理和决策。

不然，很容易陷入这样的死循环：高层做着中层的管理工作，中层做着基层的执行工作，然后基层员工没事干，每天都在讨论高层的战略。这也是为什么现在有很多大公司在考核中层管理者时，有个重要指标是"人才培养率"——就是看管理者为公司培养了多少人才。

3. "重复"是最强大的触发器

管理者和员工看到的世界是不一样的，二者之间存在一定的信息差。

在管理者看来：一个会议，如果是自己主持的，可能需要根据公司战略进行决策，需要权衡组织，还需要有后续行动；如果参加别人的会议，要考虑自己的表现，还要考虑会议的决策会为自己的团队带来什么影响，要想办法为团队争取利益；和人聊天，往往不是闲聊，而是抱有目的……

但在员工眼里，可能就会抱怨管理者动不动就开会，效率低下，该解决的技术问题还没解决，就谈一些不够落地的事。

正是因为这种信息差，导致双方的沟通效率低，进而导致员工产出效率也不高。但问题是，大多数管理者竟意识不到这种信息差，这是为什么？

《黏性》这本书中，提到了一个概念——"知识的诅咒"，即，当一个人知道一件事后，他就很难想象出不知道这件事的人，处于怎么样的认知状态。而管理者和员工之间，同样存在"知识的诅咒"。如何打破这种诅咒？答案就是重复告知员工工作重点和进度，即便是管理者以为很简单的事情，也要耐心重复告知，确保员工将时间资源用在刀刃上，将真正的工作内容落实到位。

注意，这里的关键词是"重复"。在《说到做到》一书中，作者肯·布兰德提出，我们在"知"和"行"之间，缺少的最重要一环就是：重复、重复、再重复。因为人很可能一时无法接纳一个新观念，但如果能从不同渠道重复学习这个观念，它就不再是个新观念，很可能变成思想的一部分。

正是管理者不断向员工告知工作重点、跟进工作计划，才能有效打破管理者的"知识的诅咒"，减少管理者和员工之间的信息偏差，最后触发员工的行动。

■ 团队绩效的九种状态模型

彼得·德鲁克说："企业管理的本质，就是人的管理。"比尔·盖茨说："微软最宝贵的资产不是我们的建筑物，不是我们的椅子，不是我们的电脑，而是我们的人才。你把我的人才拿走，微软就一点价值都没有。"

所以，企业应该如何做好"人的管理"，如何做好团队发展的整体规划？我们不难看出，员工的绩效越往上走、越往右走、越往右上角走，员工的绩效就越会提高。这其实就是未来团队绩效管理的方向。

在针对711家企业长达10年的追踪之后，我们将团队的绩效状态进行了汇总，按照M（团队士气）、C（团队能力）、S（系统流程）三个维度的发展程度，将团队实际的绩效达成状态分为三大类型、九种模式。

高绩效团队的模式一共有三种：高能力团队、高意愿团队、精英化团队。

高能力团队

高能力团队是指团队成员的能力都处于通用能力、潜在能力和专家能力的范围，即能力水平3以上的级别，是以C维度（团队成员能力）为导向的团队管理模式。这样的团队具备行动力强、挑战能力强、变革能力强的优势，所有和专业能力、技术

高能力团队

水平、严格标准相关的任务，这些团队成员操作起来都会极其适合，当然也存在个性突出、纪律性差、难于沟通、固执己见等弱点。

我们看到很多带有科研性质的单位如百度、网易、谷歌的部分部门，员工团队就是高能力团队，采用项目制、虚拟团队、自由工作时间，员工可以自行安排自己的工作时间和工作进度。工作流程的要求没有采用刻板的模式，给团队成员足够的时间和空间，调动每个团队成员的创造能力、创新能力，给组织带来活力。

高意愿团队

高意愿团队是指团队成员的意愿都处于零动机、弱动机和强动机的范围，即意愿水平3以上的级别，是以M维度（团队成员意愿）为导向的团队管理模式。很多时候团队的问题和矛盾都会随着员工高昂的士气和信心所消失，这样的团队具备沟通能力强、协作意识强、创新能力强的优势，所有和人际因素、外界环境、沟通协调相关的任务，这些团

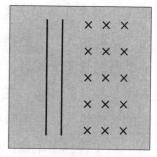

高意愿团队

队成员操作起来都会极为顺手，当然也存在裙带关系、执行稳定性、缺乏决断能力等弱点。

例如我们经常称赞的KFC的店面销售和服务团队，依靠他们良好的精神面貌和职业规范给我们很深的印象。为了管理好这些团队，KFC的管理团队在精神层面，将奉献文化、职业心态、职业礼仪、自我管理等都发挥到了极致，给快餐业的工作建立了一个标尺。

精英化团队

精英化团队是指团队成员会向两个极端分化，一部分向右上角即高能力、高意愿集中，一部分向左下角即低意愿、低能力靠拢，是以S维度（团队系统流程）为导向的团队管理模式。当组织中强调高额激励同时严厉处

罚，这是一种刚性为主的管理模式，由于有淘汰的机制，组织内部的人际矛盾表现更激烈。当纯粹以结果为导向、强调短期回报，这样的团队就是最适合的，这样的团队具有竞争意识强、适应能力强、推动能力强等优势，所有和竞争、市场、客户、变革相关的任务，这些团队成员都会积极热情，当然也存在团队内部矛盾、激励模式调整、高速增长等方面的要求。

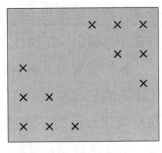

精英化团队

例如美的集团，在2012年以前中层管理团队依靠的主要就是精英化团队模式，很多业务单元甚至采用的是季度考核的方式，只要一个季度不能达标，立即换人。当然换人的前提是有足够丰富的管理人员储备。事实上提拔一个新的骨干管理者，他的意愿更高昂，行动力和拼搏精神会更好。随着业务增长模式的放缓，在2012年，美的集团绝大部分业务单元恢复了以中庸为主的管理模式，给团队更多的安全感，降低中层管理团队的风险。

刚才讲到了中庸团队，这其实是稳定绩效团队的一种。不是所有的团队都要做成高绩效团队，能做成稳定绩效的团队也是不错的选择。事实上，所有团队都必须建立在稳定绩效团队的基础之上，再适时推到高绩效团队，稳定绩效团队的模式是绝大多数团队存在的常态。稳定绩效团队也有三种类型，分别是：中庸团队、家庭团队和无为团队。

中庸团队

中庸团队是指团队成员的能力主要集中在基础能力、通用能力和潜在能力的范围，即能力水平在2和4之间，是以C维度（团队成员能力）为导向的团队管理模式。由于团队成员的能力相对比较平均，人员能力的通用性较强，在技术难度不大、工艺相对简单、劳动密集等任务中，中庸团队的可替

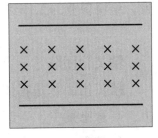

中庸团队

代性强、灵活性强、持续能力强等优势就会发挥出来，当然也存在能力中庸、专业技术不突出、创新能力差等弱点。

我们看到很多劳动密集型企业，一线的操作工人团队事实上就应该采用中庸团队的管理模式。我去过浙江杭州一家日资的以生产医疗器械为主的工厂，一进办公区域就知道这家工厂将精益管理已经做到了"精益圈"这个层次，要知道国内的绝大多数企业连"循环圈"都做不到，"改善圈"更是少之又少，就更别说"精益圈"了。事实上他们使用的都是中专生为主的工人，大专以上学历的团队成员所占比重连4%都不到，而生产的产品却是世界上最先进的医疗器械。他们既没有给员工高昂的工资，也没有依赖员工的个人素养，甚至还有接近30%的员工流失，那他们怎么保证正常的经营活动？靠的就是流程，生产的流程制度以及培训的流程制度，让最基本的员工发挥他基本的能力，按照流程和制度就能够完成任务。在这里员工就如同机器一样被使用，进行着简单、重复、机械的工作。仔细想想，中庸团队就符合他们的管理诉求，要是带成了高能力团队，组织又没有办法提供更多的物质回报，团队的稳定性一定就会大大降低。中庸团队同组织的战略和经营是一致的。

家庭团队

家庭团队是指团队成员的意愿主要集中在负弱动机、零动机、弱动机的范围，即动机水平在2和4之间，是以M维度（团队成员意愿）为导向的团队管理模式。团队成员的意愿相对比较可控，有一定的执行能力、服从能力和配合协作能力。在工作技术要求不高，对沟通能力、部门协同、外界联络、关系影响等要求较高时将有一定的优

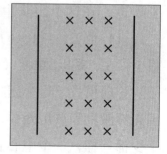

家庭团队

势，当然这样的团队也存在缺乏变化能力、技术能力相对较低、决策能力相对较差等方面的不足。

　　我经常说安保团队、采购团队、财务团队做成家庭团队就很好，有些人想不通原因。我们不妨演绎一下，就拿安保工作来说，为了管理的规范，我们现在不仅要求安保人员着装整齐、按要求完成安保工作任务，甚至还要求上班期间不允许看报纸、不允许打电脑游戏、不允许睡觉，说白了就是上班就瞪大眼睛，盯着监控的区域，保持足够的精神面貌和始终如一的责任心和警惕意识。其实仔细想想这份工作没有什么太高的技术难度，比的就是耐心、责任心和安全意识，工作简单粗暴，没有什么趣味性和娱乐性，靠的是时间，而且从事这份工作收入是相对稳定的、微薄的、提升空间狭小的。什么人做这份工作最合适？对生活工作没有太多奢求的、比较容易满足现状的、也不喜欢太多变化的人做这份工作最好。细细想想，打造成家庭团队就最好，打造成高能力团队了，保安天天就在想怎么才能挣钱，没过几天辞职了；打造成高意愿团队，天天想法太多，过不了多久他们就开始想着怎么把公家的东西变成自己的了，家贼难防的事情自然就出来了。对这些安保人员就要求管理者多关心其生活状态，安排和充实业余生活，不要让他们太多心、有太多想法，建立团队感、凝聚力，等等，这些才是有效的管理方法。

无为团队

　　无为团队是指团队成员都集中在（3，3）员工周边，在这个团队中甚至连（1，1）员工、（5，1）员工、（1，5）员工、（5，5）员工都很少存在，是以S维度（团队系统流程）为导向的团队管理模式。这个团队强调强权管理，又不强调高额激励和严厉处罚，干与不干都一样、干多干少都一样，一个中心若干基本点，随着时间的

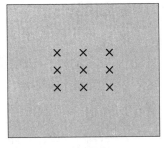

无为团队

推移自然就形成了无为团队。团队的优势在于服从能力强、控制力强、稳定性强，当然这个团队缺乏变化、积极性差、变革难度大的缺点也是显而易见的。

在很多央企、国企、政府机关中，类似的组织模式大概还是居于常态，在这些组织中强调的是（3，3）的权力核心，因为没有明确的淘汰和考核机制，就会出现不说假话、不说真话，说的是空话、套话，缺乏责任归属、缺乏纠责机制，干得越多，犯错误机会越多，慢慢地，组织中的平均主义、好好主义、关系至上、权力腐败等现象自然会产生。组织处于一种相对低效率的状态，毕竟上级还能容忍，合作方和客户还没有爆发出强烈的变革的呼声。由于强权和部门的垄断，这样的情况依然严重，但这并不能说明这是合理的或者正常的。组织也必须学会适应社会和市场的需求，慢慢改变，并且从自身做起。

改变并非是说变就变。很多时候，不注重方法、时机和策略，没有意识到管理的多元性，尤其是没有抓住矛盾主体，控制不了风险，我们的想法将会被扼杀在摇篮中。无为团队，最匹配的管理方法自然就是无为式的管理模式，顺其自然，依然以平均主义为核心，不过分强调变化。

在经典团队绩效管理模型中，我们很明确地知道团队的短期业绩是由团队士气、能力和系统流程共同作用的结果，三项当中至少有一项，管理者要做好才可能实现短期业绩。如果三项当中管理者一项也没有做好，答案是明确的，结果一定不好。我们接下来看看组织当中的那些低绩效团队，按照三个维度我们也分为三种类型，分别为：低能力团队、分裂式团队和低意愿团队。

低能力团队

低能力团队是指团队成员以个体能力、基础能力和通用能力为主，即能力水平都在3以下的级别，是以C维度（团队成员能力）为导向的团队管理模式。通常新组建的团队、从事新的业务、更换工作的重心、工作方法调整或者设备、技术、工艺改变等给团队带来的影响，就是在一个时期内处于

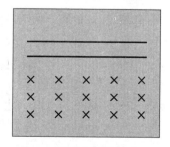

低能力团队

完成任务低能力的状态。这个团队的劣势就在于专业能力较低、员工参差不齐、工作推进速度差。这就对管理者的能力、培训方法、能力训练的模式有很大的要求，能否陪同团队一起苦干、实干，对于推动团队业绩的达成至关重要。

对低能力团队而言，我们也可以欣喜地看到这个团队的绩效是有巨大提升空间的，只要管理者方法得当，给予团队适当的能力支持、资源供给、平台搭建，这个团队的能力就具有提升的空间。

分裂式团队

分裂式团队是指团队成员向四边靠拢、四角靠拢为趋势，最为极端的就是向左上角和右下角集中，有能力的不想干，有意愿的干不了、不会干，是以S维度（团队系统流程）为导向的团队管理模式。很明显，分裂式团队的系统是混乱的，非但没有形成正向的作用，反而给组织带来了更多麻烦，这其实就是管理多元性的核心问题。

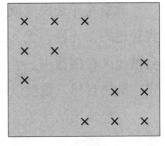

分裂式团队

联想的"柳倪之争"、希望饲料刘氏兄弟分家，等等，这些企业在团队问题上处理得当，很好地消化了因分裂带来的风险。但更多的则是那些未能有效处理团队分裂而中途倒下的企业。团队分裂可能基于这样几个原因：

第一个原因，基于能力和素质的团队分裂。团队成立之初，管理者聚合了亲朋好友成立了自己的团队，亲朋好友最大的特点是极高的信任度和参差不齐的能力素质。随着企业的发展，终将有一部分骨干跟不上企业发展的步伐，掉队者通常面对其他能力素质高于自己的团队成员会有心理失调。这种心理失调带来的心理平衡可能会有三种结果：一种是通过离开团队来实现自我平衡，直接带来团队的分裂；另一种是认识到自我的差距后苦苦追赶，但终因先天不足而限制了团队的能力；第三种结果更糟糕，可能因无法弥补能力差距转向内部权力斗争，对企业的危害更大。

第二个原因，基于利益的团队分裂。团队成员满足于眼前的物质分配的方式，管理者的管理方式打破了这种平衡，或者增加了团队成员获得相应利益的难度或风险，团队成员为了捍卫自己的利益展开的组织内部争斗。

第三个原因，基于团队目标的分裂。管理者在经营过程中关于事业将走向何方出现了分歧，这种分歧可能带来的伤害甚至大于利益可能带来的伤害，"柳倪之争"告诉我们，关于团队目标的分裂，有的时候是不得不分。

团队分裂不是偶然，也不是洪水猛兽，而是团队发展过程中非常正常的一种现象。但是如果不能正确处理团队分裂问题，不仅不利于企业的发展，甚至可能因为分裂所带来的争斗导致企业走向不归之路。

低意愿团队

低意愿团队可能就是分裂式团队下一个结局。低意愿团队是指团队成员以零动机、负弱动机和负强动机为主，即意愿水平都在3以下的级别，是以M维度（团队成员意愿）为导向的团队管理模式。通常组织目标不一致、员工对管理者有极大的人际矛盾、利益冲突、员工对管理方式和方法缺乏认同、人际斗争激励等情况下都会产生低意愿团队。

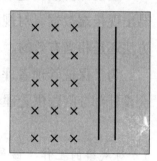

低意愿团队

■ 团队状态评估

我们相信团队的绩效状态是影响管理有效性的重要因素。你的团队目前处在一种什么样的状态？你希望把团队管理到什么样的状态？你希望通过何种管理手段，将你的团队从目前的状态可控地、稳定地进化到某种阶段？

团队状态的不同给未来的管理会带来什么影响？

第一，工作动机强的团队，能够得到更高的评价；

第二，对工作中所获得的成功更有成就感；

第三，满意度也会得到提升，进而取得积极的进步。

当然，所有这些的前提是我们要了解团队目前真实的状态。

评估团队绩效状态目前有三种方法：主观评价法、问卷调查法、访谈法。

第一：主观评价法

主观评价法就是指管理者自身，根据业绩、行业、能力、动机、竞争等综合因素对自身团队成员进行主观评价的一种方法。

主观评价法实施最为简单，但受评测人员自身的认知影响偏差较大，容易出现极端数据。对规模较小、管理者和员工相对熟悉和了解的团队，这种方法还是相当有效的。

为了保证管理者评测的过程中，有一个依据或者共同的标准，我们通常会设计部分问题供管理者思考。

1. 对从事的工作，该员工是否主动？

    5—积极主动　4—经常主动　3—有时主动　2—偶尔主动　1—被动

2. 在遇到困难时，该员工是否具有解决的意志力？

    5—意志坚定　4—持续坚持　3—偶尔放弃　2—容易放弃　1—缺乏意志力

3. 对该员工而言，是否认为工作比大多数事情更重要而重视工作？

    5—非常重视　4—比较重视　3—平等对待　2—较不重视　1—不放在心上

    ……

题目本身可以根据管理者自己的认知来调整，对团队人数较多的团队，可以增加题目的数量来区分员工的绩效状态；也可以通过强制分数分布，增加员工绩效状态的差异性。这些可以根据实际情况来调整。

第二：问卷调查法

问卷调查法就是由团队成员自行进行的一种评测方法，管理者提供统一标准的问卷，由团队成员独立完成。

问卷调查法会受到环境的影响，团队成员在完成问卷的过程中会受到主观影响，得分相对较高，可能距离我们的真实性有较大偏差。为了避免出现这种情况，可以采用自测和互测交叉进行的方式。

问卷调查法在团队规模较大或者团队处于高绩效状态时，最为准确；而当团队在低绩效状态和稳定绩效状态时，结果最为失真。

这是一个收集了37000份的员工满意度调查问卷，内容如下：

员工满意度调研问卷

请根据您的实际情况做出测试：

1. 当你早晨醒来，准备去上班时，你是否感到愉快？
   □总是 □经常 □有时 □偶尔 □从不
2. 你是否非常明确地知道自己为什么工作？
   □总是 □经常 □有时 □偶尔 □从不
3. 在工作中，你是否感到疲惫？
   □总是 □经常 □有时 □偶尔 □从不
4. 在工作中，你是否会遭遇挫折？
   □总是 □经常 □有时 □偶尔 □从不
5. 你喜欢现在的工作吗？
   □总是 □经常 □有时 □偶尔 □从不
6. 你的工作有趣吗？
   □非常有趣 □比较有趣 □一般 □比较乏味 □非常乏味
7. 你觉得你的工作有意义吗？
   □非常有意义 □比较有意义 □一般 □比较无意义

□非常无意义

8．你喜欢你的领导或主管吗？

　　□非常喜欢　□比较喜欢　□一般　□比较讨厌　□非常讨厌

9．你喜欢你的同事吗？

　　□非常喜欢　□比较喜欢　□一般　□比较讨厌　□非常讨厌

10．和你的同事能够愉快相处吗？

　　□总是　□经常　□有时　□偶尔　□从不

11．你的领导或主管对你公平公正吗？

　　□总是　□经常　□有时　□偶尔　□从不

12．你的领导或主管对你大声咆哮吗？

　　□总是　□经常　□有时　□偶尔　□从不

13．你的领导或主管尊重你吗？

　　□总是　□经常　□有时　□偶尔　□从不

14．你尊重你的领导或主管吗？

　　□总是　□经常　□有时　□偶尔　□从不

15．你的领导或主管信任你吗？

　　□总是　□经常　□有时　□偶尔　□从不

16．你信任你的领导或主管吗？

　　□总是　□经常　□有时　□偶尔　□从不

17．你曾经因为你的工作而受到表扬吗？

　　□总是　□经常　□有时　□偶尔　□从不

18．你感到被他人忽视吗？

　　□总是　□经常　□有时　□偶尔　□从不

统计表

题号	第一选项	第二选项	第三选项	第四选项	第五选项
1	5	4	3	2	1
2	5	4	3	2	1
3	1	2	3	4	5
4	1	2	3	4	5
5	5	4	3	2	1
6	5	4	3	2	1
7	5	4	3	2	1
8	5	4	3	2	1
9	5	4	3	2	1
10	5	4	3	2	1
11	5	4	3	2	1
12	1	2	3	4	5
13	5	4	3	2	1
14	5	4	3	2	1
15	5	4	3	2	1
16	5	4	3	2	1
17	5	4	3	2	1
18	1	2	3	4	5
合计					

第三：访谈法

访谈法是由员工自己、上司、直接下级、同仁同事甚至顾客等全方位的各个角度来评估个人和团队的绩效状态。

访谈法有两种模式：狭义和广义。狭义的访谈法，是针对个人的静态评估，像心理测试，有模型、有问题，最终结果是以打分输出，针对某个人的分析报告。

对团队评估，我们常用的是广义的访谈法，全方位和匿名，获得各方面干系人的有效反馈。团队绩效状态评估的收益是收集多维度反馈，作为绩效考核的参考，然后获得多层级的反馈。多层级指的是团队的领导者获取下属团队成员的反馈，然后采集更多相对公平、客观的评估数据。有了数据之后可以排名，匿名的反馈和多维度的横向比较就变成了数据分析工作，便于后续的良性沟通，改进提升。良性很重要，沟通是为了去调整，更好地认知自己和他人，能够促进成长。最后是促进合作，服务导向，理解公司运转。

瑞·达利欧的《原则》里面提到团队进化就是螺旋上升的曲线：提出目标，找出问题，分析问题，制定改进方案，最后践行。这个闭环不仅仅是用来做事，一个人的学习、企业的成长，都是一样的。如果连贯地、持续地做，就会螺旋式上升。

总而言之，团队绩效状态评估没有绝对的客观，收集回来的也是相对的客观；同样没有绝对的公平，要的是大家心中有一个相对稳定的标准。做绩效评估是一个很基本的动作，要适应现在的团队状态，提升整体水平；做绩效评估是为了打造一个机制、一种组织能力，而不是针对某一个人、某一个项目；绩效评估还要持续优化，如同前面提到的进化曲线，绩效考核也需要不断优化。数据思维，虽然量化的差距可能很小，小到小数点后三位，但是这就是差别，总比主观评判要直观、要可衡量。

团队绩效状态的评估通常采用复合的测评方法，希望得到更公开、更透明的反馈，能够齐心协力去解决问题并获得认可，最后形成比较强的自信水平。全方位地收集信息，让每个人去对自己阶段性的状态做一次回顾和总结，帮助员工去调整，也帮助整个团队有针对性地做一些优化，能以更好的状态进入下一阶段。

第二篇

弹性管理

　　在你要战胜外来的敌人之前，先得战胜你内在的敌人；你不必害怕沉沦与堕落，只请你能不断地自拔与更新。

——罗曼·罗兰

■ 做"远非英雄"式的管理者

　　每个管理者都希望自己能够成为卓有成效的管理者，而事实上，经过调研我们发现，公认的管理领袖，他们很多不是抱持高姿态、为理想而战的斗士，也并不愿意成为那样的人；他们也不想成为变革的急先锋，他们的一举一动都很有耐心，非常谨慎，循序渐进；他们做正确的事情——为了他们的组织，为了他们周围的人，也为了他们自己——不动声色，毫发无伤。

　　事实上，很多困难的问题只能通过一系列长期的细微努力才能解决，所以这些管理行为尽管看起来显得"步调缓慢"，但经常被实践证明，是使一个组织得以改善的"最快途径"。

　　经过多年数据研究和理论总结，作为成果，我写出了这本书。书中通过一系列真实的场景，描绘了正在发挥作用的卓越管理者的形象，并从他们的努力和成就中总结出实实在在、行之有效的经验。深层次来探究这些案例，你会发现其中包含团队管理的逻辑，这些管理逻辑会帮助绝大多数管理者建立系统的管理认识，有效规避管理矛盾，更可能地预计和实现管理结果。

　　很多管理者一心认为只要有足够的权力，很多问题都很容易解决，这种英雄主义的管理观，让很多管理者不能静下心来关注自己的管理行为，总是认为一个制度、一个规范或者加大奖罚就可以解决问题，很快，他们会发现这只是一厢情愿，这些行为既不能鼓舞任何人，也作不出半点贡献。

　　大多数人在大多数的时间里，既没有拯救世界于倾覆，也没有压榨世界以自肥；他们过着自己的生活，干着自己的工作，努力照顾身边的人。而以金字塔结构来看"人"的方式，几乎完全忽略了日常生活和普通民众，其结果，似乎是把人类中的绝大多数都陷入黑暗含混的道德蛮荒、伦理边缘。而这，当然是一个严重的错误。

　　盖洛普对企业进行的大量组织行为学研究发现，企业高层领导对一线员工工作绩效的影响力为零，而一线经理的日常管理与员工工作绩效的相关系数为0.4，也就是说，一线员工的工作业绩有40%受一线经理的管理直接影响，而高层领导的管理对一线员工不产生直接影响。这一研究成果的确出人意料，它告诉我们两条管理真谛：

　　第一，一线员工是企业的微循环，他们既是企业管理的末端，又是企业价值链上价值交换的最前端。企业的利润是一线员工直接创造的，一线员工敬业与否决定企业的兴衰。"人民是创造世界历史的真正动力"似乎被现代组织行为学证明。

　　第二，决定企业一线员工工作效率的直接因素是他们的顶头上司，即一线管理人员。在充分承认企业CEO不可替代作用的同时，我们必须充分认识"默默无闻"的一线经理的决定性作用。

　　人本管理的实践使各种企业和组织更加扁平化，一线员工和一线经理对企业竞争力的重要性被行为学研究所肯定，企业文化建设被提高到战略的高度。中层和一线的经理们，一夜之间成了企业管理核心的重中之重。的确，他们是企业文化的具体体现，是看得见、摸得着的企业竞争力。

　　对中层和一线的管理者，他们应对着工作上和生活中日复一日的艰苦挑战——检验他们卖出的产品，确保它们是安全可靠的；帮助同事解决个人问题；研发新的产品；确保每个人的效率都能够得到提高……在这些优秀的公司里，这些"并非英雄"的人并不拥有公司领导们可资调遣的资源和支撑，但他们做着所有这些事情，日复一日、年复一年。从事物发展的主线来看，他们的努力日积月累，的确使世界变得更美好。

　　为了更好地理解这些人的行为，并从中学到精髓，我们必须用"心"来领会行为的动机。这就意味着我们要把视线从伟大的人物、极端的境况以及历史转折性时刻移开，近距离地关注身边的人。如果我们透过一个广角镜看待领导之道，我们就会发现那些"远非英雄"的平常人一样在成功地解决重大问题，一样在对世界进步作着贡献。

■ 纷乱的、日常的挑战

透过这种更广阔的视角，我们发现，要求运用管理之道来解决的问题绝大多数都发生在日常情境。这些事情表面上并不会显现出战略性和关键性，它们也绝不是专门留给公司高层去解决的，任何人几乎随时都可能面对这种挑战。艰难的抉择并不一定包括紧张刺激的"超时判负"，但深嵌于日常生活的丝丝缕缕之中。

比如，在一间办公室里，两位管理人员正在讨论如何调查一个有盗窃嫌疑的资深雇员；一家医院的急诊科主任，正在反复琢磨某位患者的治疗方案；一位银行信贷部的职员刚刚发现了一个严重的会计账目错误，是把这件事上报，而引发一场整个组织的麻烦、混乱，还是缄口不言、放它一马……

这些小事，琐碎常见，毫不起眼——或者说，至少第一眼看上去是这样的。但是，通过更近距离的观察，我们会发现其他一些线索，表面上看似普通平常的问题，却可能隐藏着难以置信的纷乱、复杂，这其实很重要。它们，绝对是管理之道的真正挑战。

以那位信贷部的职员为例，对他来说，还有什么会比会计账目中的问题更司空见惯甚至更单调乏味的呢？但一旦这位职员停下片刻，对这件事认真思考一下，他就会发现这实在是一点都不简单。比如，为什么这么重要的问题被忽略了这么久？一个令人沮丧的可能性是公司高层人士故意把错误掩盖起来，企图瞒天过海。如果真相一旦曝光，肯定就会有某位同事丢掉工作，同时导致银行的某位客户破产。可是，隐藏这个会计账目问题可能是犯法的，也会违反职业操守和正直诚实。在这个案例里，问题本身的"平淡无奇"掩盖了实际的复杂性。

和任何一个组织中的其他所有人一样，这位信贷部职员所面对的只不过是无数个困难而常见的挑战之一。当你没有时间或者没有资源去做你知道自己绝对该去做的事情时，你怎么办？在情况如此晦暗难明、如此充满不确定，以至于你甚至不知道如何判断对错的时候，你会怎么办？当某个非常有势力的人强迫你去做完全错误的事情的时候，你又该怎么办？类似这样的问题，正说明了负责尽职的、日常管理之道的复杂性所在。

这位信贷部职员最终做了正确的选择——不过，他采取的办法却并不符合英雄式管理之道的要求。他找到了某种办法，既披露了这个会计账目问题，对贷款做了调整，又保住了同事的工作，同时自己也避免了陷入危险境地。他的所作所为，既没有戏剧色彩，也不够英雄主义，但是事情办成了。他行为谨慎，筹划周到；他行为机敏，创新全面；他在做正确事情的过程中，也能坚守职业操守。总而言之，他通过一种与众不同的、异于常规的，同时极其有效的思考和行为方式解决了他所面临的问题。

■ 管理行为都从"小事"开始

在实际的管理中，尤其是代表公司的高层，在面对某个艰难的挑战时，如何采取切实可行、尽职尽责的方法来解决问题？我发现在这种情况下，这些人都很少采取大胆而勇敢的行动。人们并不是明确表明自己的立场、价值观，号召许多人追随他们，他们对自我牺牲没什么兴趣，他们可能常常并没有把握，甚至并不知道到底该如何解决面前的问题。

作为个人，这些人是谨慎谦逊的、是好问多疑的、是敏捷实际的，对他们的个人利益有着健康的认知和判断。他们不是那种具有超凡的领袖魅力的人，他们没有多大的权力，也并不把自己视做传统意义上的管理者。他们更愿意在幕后进行活动——平心静气地、小心翼翼地、深谋远虑地。结果，他们做了正确的事情，或者，至少使正确的事情发生了。他们进行着艰难的抉择，化解了困难的局面，也使组织更美好。

很多时候这些准则说起来很简单，但该如何善加运用，就需要开动脑筋了。它们有可能会被错误理解和不当应用。对规则的变通会演变成对规则的破坏。有些妥协只不过是毫无想象力的、简单的对矛盾冲突"各打五十大板"的行为，还有，一味的妥协则是对基本原则的出卖和背弃。动机管理之道的每一条准则都是一把双刃剑，而且都可能成为无所作为或不择手段的借口。因此，所有这些准则都需要经过充分理解和细心检验。

一般来说，动机管理是解决组织发展过程中矛盾的有效手段。他们把强硬手段和英雄主义视作迫不得已的最后一招，而不是第一选择或者标准模式。为什么那些把战斗机降落在航空母舰上的勇敢的海军飞行员们，在受训时被告知"绝不存在既老练又冒险的飞行员"？换句话说，未雨绸缪、小心谨慎、注意细节往往是解决日复一日的挑战的最佳策略。

那么，这些耐心的、无奇的、日复一日的努力所积累起来的结果究竟是什么呢？答案是：那几乎就是一切。人们所面对的绝大多数的艰巨问题——无论来源于组织内部还是外部——都不是靠组织高层某个人迅速果决的行为来解决的。往往是那些不引人注目的人，远离镁光灯摄像机的人，通过他们谨慎小心的、深思熟虑的、小而踏实的行动，起到了至关重要的作用。

这个结论既重要而又容易被忽略。从我们年纪还很小的时候开始，我们就知道要敬佩伟大的领导者，他们的远见、勇气和牺牲使我们的世界更美好。

细微的努力有时就像从山顶滚下来的雪球，越滚越大。有的时候，它们会在生死抉择的时刻使事情向正确的方向发展。有的时候，那些看上去微不足道的行为会在他人的经历中扎根，从而在几个月甚至几年以后对他们产生真正的影响，最终影响他们个人的发展，而且，即使那些细微的行为并没有直接带来更大的成果，它们仍会由于其正确而发挥作用。

换句话说，动机管理并不仅是一些极其实用的策略，它也是一种对人、对组织、对有效行为的思考方式，它还是一种理解事物发展进程并选择最好途径以追求卓越的办法。从小的方面来讲，动机管理还是一种信念——一种对细微而模糊的行为的表示。事实上，这种绝对坚定的信心是管理者变得伟大的一种捷径。

管理效果从数字化评估开始

全球经济的数字化转型浪潮已经进行了很多年，但全社会的数字化转型变革一直没有完全实现。过去几年当中，中国各行业的数字化升级普遍聚焦在优化生产过程，在推行企业数字化管理方面并没有实现突破。企业的数字化转型不仅在于生产过程的数字化，在管理上具备数字化管理思维、使用数字化管理工具同样非常重要。

当前，数字化管理工具无论是应用成本还是使用难度都有了大幅度的下降，这一系列的变化也让企业管理者开始思考，在企业中推行数字化管理，进一步提升企业管理效率的可执行性。

曾几何时，数字化管理工具大多前期投入成本高、开发难度大、短期见效不明显，让很多想要推行数字化管理的企业管理者望而却步。随着云技术、移动端的开发成本与铺设成本逐步降低，数字化管理软件在使用上门槛逐步降低，即使是初创企业也有能力负担数字化管理的成本。

然而，新的问题也逐渐产生：通过长期与小微、初创企业管理者的交流发现，尽管不少企业已经开始实行数字化管理，但是执行了一段时间之后发现效果并不显著，甚至还有管理工具对企业效率产生负面影响的情况发生。为什么被大多数人推崇的数字化管理在执行过程中会出现反效果？

管理者需要首先自省：企业的管理模式和管理理念与数字化管理的要求

是否相适应。

首先，什么是管理模式？

管理模式是指企业管理采用的基本思想和方式，能给管理者直接参考、运用的一套完整的管理体系。这套模式的建立需要能够发现和解决管理过程中存在的问题，规范管理手段，完善管理机制，实现企业的既定目标。

简单来说，管理模式=理念+系统+方法。

企业引入数字化管理之后反而对企业日常运行造成反效果，很有可能是企业的管理模式与数字化管理的要求不适应。如果管理者在当前企业的传统管理模式上强行加入数字化管理，无论是对管理者还是执行者来说，这样的更新反而成为一个新的负担。

中国的企业长期受到计划经济体制的影响，无论是企业的组织架构、管理人员的专业素质以及管理方法都存在诸多不足。大量的研究证明，相比金字塔型的组织架构，扁平化管理的企业更容易推行数字化管理。

根据"管理模式=理念+系统+方法"的公式推算，企业管理者专业素质的缺失同样会影响企业的管理模式。许多企业管理者往往从自身过去多年的经验出发，或者参考传统企业的管理方式方法，没有结合当前诸多变化来做出针对性的调整，在面对数字化管理的问题时无法保持足够的专业性，才影响到了数字化管理的实施效果。

尽管越来越多的企业领导层意识到了数字化管理的重要性，但仍然不明白数字化管理为什么重要；究竟哪些信息资源将对企业发展带来重要影响。数字化管理缺乏明显的方向，就会导致企业实施数字化管理的动力不足，大多数时候企业有数字化管理工具，却没有真正让这套工具起到高效管理的作用。

想要真正实现高效的数字化管理，首先要解决管理者的观念问题。企业管理者要将数字化管理作为企业经营战略中的一部分。充分意识到信息、数据资源的重要性。坚信数字化管理对企业长期发展、提升竞争力有重要作用。管理者观念的转变才是数字化管理开启的真正源头。

　　如今，管理模式的核心任务就是实现对人的管理。强调人与人之间、人与部门之间、部门与部门之间的整体协调，让员工实现协作互动。数字化管理模式以及数字化管理工具的大量出现，正是基于当前这样的大环境。

　　我认为：企业管理需要有结构化思维。数字化管理正是结构化思维的外在表现形式之一，数字化管理系统的成功建立和运行，将直接影响当下企业的生存和发展。

第三篇

相信混杂动机

对管理者来说，机会是无限的，挑战也同样是无穷的。太多的管理者受环境的影响，缺乏管理主见，最终一事无成。因此，要想成为管理者，首先要认清团队管理的本质：是推进者而非破坏者，是机会而非风险，是掌控而非毁灭。

——约翰·加德纳

■ 你并非什么都知道

动机管理者努力看清楚世界的本来面目，这意味着他们凭借着某种"第六感"似的本领认识到千奇百怪的事情都可能发生，并且经常也就发生了。它们之所以会发生，是因为人们行为的动机各种各样：正义或是邪恶，清晰或是糊涂，理智或是狂热……现实主义既不是悲观主义，也不是儒家思想。

有些时候，事情比预想的更糟糕，看似简单的问题变得复杂难测，这也解释了管理者为什么都小心谨慎；有些时候，事态发展比预想的要好得多，管理者就会因为准备充分，能够抓住机会；但更多时候，事态朝向与所有人料想的都完全不同的方向发展，管理者要能够做到随机应变、辗转腾挪。

因此，管理者重视信任，但他们也没有忘记信任可能会多么脆弱。他们虽不愤世嫉俗、怀疑一切，但也不会对其他人——或者他们自己，抱过高的、过于理想化的期望。他们敏锐地觉察到权力的局限性和微妙性，即使是那些身居要职的人也不例外。

矛盾的问题往往是复杂的、动荡的、危险的。摆脱并控制这种局面的关键在于实事求是，而不是夸大你对事态了解的程度。想一想潜在的不确定性因素：一个是个人因素与专业因素；一个是事实因素与环境因素；一个是群体因素与情感因素；一个是安全性因素与不确定性因素，等等。我们会突然发现，很多时候，管理者并不是什么都知道。

丹麦哲学家齐克果说过，我们可以通过回顾过去来理解生活，然而，若要真正生活就必须不断前行。计划不如变化快，很多问题的解决方法会产生巨大的结果差别。人们追求个人利益的行为是断续的、延迟的、间接的。有的时候，错误的力量会汇聚，利己主义、利他主义、混乱迷茫、贪婪欲望、机会主义，这些因素所形成的合力偏向何方、强度有多大都是我们很难预料的。

在大型的、传统的公司里，"圈内人"往往是在长期激烈地争夺高级职位的斗争中脱颖而出的胜利者——他们已经出人头地，爬上了组织的顶端或占据了关键岗位。在小型的、新生的公司里，"圈内人"则是公司的组建者和贡献资金、技术、重要关系纽带的人，这些圈内人常常拥有大量的公司资源，甚至连CEO都对他们俯首听命。

当然，内部核心和外围圈子的界限并不是密不透风的，公司也不会列出名单来指明哪些是"圈内人"。但是人们对其他人离内部权力和影响力核心圈到底有多远还是心里有数的。他们知道谁被邀请参加了重要的会议，而公司在会议召开之前会请教和咨询什么人。他们知道"圈内人"决定着谁能得到奖金、提拔、奖赏和机遇——包括成为内部核心一分子的机遇。与此同时，局外人的地位是不甚牢靠的。

对待所有这些负面的东西，一种方法是将其视作生活中的基本事实来接受。但这种世界观是冷酷无情和消极悲观的。它同时会导致人们把"宁可我负天下人，不可天下人负我"这种对世界有害无益的观点当作行为准则。当然，另外一种选择是努力超脱出负面思想，坚持对理想抱有希望。这种想法值得钦佩，但使人们在流氓、恶棍和损人利己者面前毫无防范，不堪一击。太多的信任其实是过犹不及的。

对于管理者而言，信任就像是一块美丽的水晶制品，得之不易，价格不菲，脆弱不堪。管理者并不愤世嫉俗，但他们在付出信任时是相当谨慎的，不会当它是一种随便丢出去的零钱来对待。他们努力赢取别人的信任，希望得到相同的回报。有时候，他们察人观物，断定建立一种相互信任的关系毫无价值，而后便会谨慎从事。

■ 相信混杂动机

明知山有虎，偏向虎山行。为什么有些人会做出这样的选择？答案是，因为有些时候人们发现自己无法置某个人或某种情形于不顾，有些东西牵绊住了他们，让他们无法抽身。于是他们不屈不挠又创造性地开展工作，他们很坚定，不在乎艰难险阻，不在乎局势叵测，不在乎旷日持久，不在乎危机重重，他们始终坚持不懈。

事实上，由于种种原因，混合的、复杂的动机才是管理成功的关键所在。

首先，如果他们的动机不是混合的，如果他们只是一味地利他主义或一味地牺牲自我，他们的努力不会那么持续，也不会那么卓有成效。管理是在无名僻壤的道路上举行的漫长、艰难的长跑，而不是在欢呼的人群面前进行的激动人心的冲刺。

其次，能够长期贯彻和持续的管理之道，往往就意味着管理者成为"圈内人"。这是给管理者机会，让他们能在不少问题上和很长时期内运用其权力和影响力来尽职尽责。但是，人们不可能不知不觉、无意之间就成为"圈内人"，他们必须保持警惕，保护他们的恰当位置，保有对决策的发言权，从而才能继续他们的管理。换句话说，他们需要有一个健康关注自身利益的意识。

最后，管理者的动机往往不够明确。很多时候，管理者强调的是他们毫不动摇地献身于伟大的目标和高尚的事业，强调的是他们乐于挑战既有制度。往好的方面说，这些故事鼓舞了人心，指明了方向；往不好的方面说，他们用煽情的动人话语而不是现实主义的理性观点，来解释人们所有行为的动因。

■ 确定管理目标的三个维度

管理者的动机是混杂的，这在事实上是无法避免的，并且不足为怪。关键的问题往往并不在于是非对错，在于管理者是否充分地把某个问题和管理行为之间产生连接，并真的相信和认识到这些管理行为会影响这个管理的目标。

首先，对一个管理者而言，应该关注管理成果，我们也可以称之为团队业绩。这个维度是考验管理者能力高低的重要维度，一切以价值优先，企业和公司都是以盈利为首要目标的。作为管理者就应该思考通过何种管理行为才能改变、提升、挑战新的、更高的业绩指标。

其次，对管理者而言，要想取得更好的业绩，光靠自己是不可能的，这就需要团队，让更多人参与贡献力量，第二个维度我们称之为团队士气。希腊哲学家芝诺曾经说过，"真正的领袖，不是忽悠着别人相信自己，而是要不停地忽悠自己，相信这些目标和理想。"能够在艰难的条件下让人们保持希望和信心，这是团队士气。尤其是挑战较高的目标，或者是团队遇到困境时，团队士气可能比短期的眼前业绩更重要。

最后，对管理者而言，如何找到指导者，如何激励同行者，如何培养跟随者，到底哪些人才是我们志同道合的人？这些统称为团队人际。有很多人觉得怎么可能有人会不关注团队业绩而关注其他？原因有很多：在部分组织中，自身的团队任务不明确，同时不容易量化衡量；在晋升的过程中，有时候关系、感情、沟通、人际等要素反而会大过能力和业绩的影响，让人不得不关注人际；在管理过程中，能够和员工打成一片，得到员工的信任和支持，有了"嫡系"团队的中基层管理者，任务完成起来就会容易得多，等等。

　　管理者的目标明确划分为三个维度：团队业绩、团队士气、人际关系。而管理者现实的管理目标却是混杂的，他们一方面是没有明确的意识；另一方面不能有效评估何种管理行为会影响哪个维度，当然就更不能判断这种影响是正向的促进还是负向的后果。

　　只有明确了管理者的动机，并且让管理者能够准确评估每一个管理行为可能会产生的管理效果，才能确保管理者的管理策略会产生应该有的管理效果。

第四篇

管理事件案例

只要是真相，终究不会被掩盖。

往往真相容易被忽略，

排除一切不可能的之后，

剩下的，再不可思议也是真相。

生命不可能从谎言中开出灿烂的鲜花。

——海涅

---

⑧ 管理事件1—1　员工寻求加薪的场合

团队业绩：　　　　　团队士气：　　　　　团队人际：

请仔细阅读下列场合背景，并做出相应的决策。（可多选）

12号、13号、14号、15号员工向你反映，薪酬太低，无法满足正常生活。如果不能够调整薪资待遇的话，他们要考虑离职。你企业的薪酬水平实际处于行业中上，市场平均水平，并且半数员工都能够拿到较理想的待遇。

选项	内容
A	安慰他们，并告诉他们，除了努力工作之外，没有别的途径，公司的政策不可能改变。
B	告诉他们，实际上也有人能够靠绩效奖励取得不错的收益，就在他们身边。公司的政策没有任何问题。
C	为他们设立一个约等于1个月薪水的目标奖，告诉他们，完成指定目标可以得到奖励。
D	告诉他们，想离职就离职吧。没有能力还想要索取回报！
E	告诉他们，你对他们有信心。
F	给他们更多的自由空间。告诉他们可以更灵活地工作。
G	向他们授权，给予他们自己控制某些流程的权力。
H	建立帮助制度，让33—55号的员工向他们提供帮助。
I	建立帮助制度且让33—55号员工的绩效与他们形成部分绑定，使他们有共同的目标。
J	调整流程以确保能够更加精细化地评估他们的工作。
K	告诉他们，他们哪里实际上做得比较好，并在团队中进行表彰。
L	告诉他们，他们的问题到底出在哪里。
M	告诉他们，他们的问题实际出在哪里，并且安排培训。
N	设立"最快进步奖"，有表彰但没有奖金。
O	设立"最快进步奖"，有表彰也有奖金。
P	开除11号员工，以儆效尤。
Q	告诉他们，公司薪酬的确存在不足，会根据表现考虑加薪。

笔记区：

动机管理工作坊

编号	业绩	士气	人际	团队状态	编号	业绩	士气	人际	团队状态
A					B				
C					D				
E					F				
G					H				
I					J				
K					L				
M					N				
O					P				
Q									
1	哪些选项对你来说最容易接受？（选三项）								
2	哪些选项对你来说最难以想象？（选三项）								
3	哪一单项业绩最高？								
4	哪一单项士气最高？								
5	哪一单项人际最高？								
6	哪些选项和业绩最相关？（选三项）								
7	哪些选项和士气最相关？（选三项）								
8	哪些选项和人际最相关？（选三项）								
9	业绩最高的选项？								
	对比选项								
10	士气最高的选项？								
	对比选项								
11	人际最高的选项？								
	对比选项								
12									
	对比选项								

⊛ 管理事件1—2 员工寻求发展的场合

团队业绩：　　　　　　团队士气：　　　　　　团队人际：

请仔细阅读下列场合背景，并做出相应的决策。（可多选）

22号、23号、31号、32号员工向你表示了对未来的迷茫，感觉在公司并不能看到更好的前景，认为在公司缺乏可以学习的东西，没有足够的发展空间。他们正在考虑自己的未来。实际上，公司并不缺乏提供给他们的培训。并且你正在考虑安排下一次培训的10个名额的推荐人选。

选项	内容
A	安慰他们，并告诉他们，除了努力工作之外，没有别的途径，公司已经安排了足够的培训，重点在于是否能够活用。
B	与他们进行谈话，对于他们缺少的东西进行分析，帮助他们寻找可以提升之处并给出建议。
C	告诉他们，培训是对于努力员工的一种福利奖励。只要他们能够成为合格的员工，就能够得到相应的机遇。
D	告诉他们，公司有足够的发展空间，请他们放心。
E	请公司的一些管理层的同事来向他们分享经验，让他们了解到公司的确有发展空间。
F	告诉他们，他们有权为自己选择更好的前程。
G	不管他们怎么说，在挑选培训推荐人选时，选择绩效最高的10个下属参加培训。并告诉他们，这是对于绩效的奖励。
H	不管他们怎么说，在挑选培训推荐人选时，选择动机水平最高的10个下属参加培训。并告诉他们，这是对于工作态度的奖励。
I	不管他们怎么说，在挑选培训推荐人选时，选择你认为能力最强的10个下属参加培训。并告诉他们，这是对于他们潜力的肯定。
J	在挑选培训推荐人选时，首先推荐他们，其次选择绩效最高的6个下属参加培训。
K	在挑选培训推荐人选时，首先推荐他们，其次选择动机水平最高的6个下属参加培训。

续表

选项	内容
L	在挑选培训推荐人选时，首先推荐他们，其次选择能力最强的6个下属参加培训。
M	采用自由报名的形式推荐人选。在没有足够的人报名时才推荐他们参加培训。
N	采用自由报名的形式推荐人选。在报名人数超额时采用抽签的办法来决定人选。
O	采用自由报名的形式推荐人选。在报名人数超额时根据绩效来决定人选。
P	采用自由报名的形式推荐人选。在报名人数超额时根据动机水平决定人选。
Q	采用自由报名的形式推荐人选。在报名人数超额时根据能力决定人选。

笔记区：

动机管理工作坊

编号	业绩	士气	人际	团队状态	编号	业绩	士气	人际	团队状态
A					B				
C					D				
E					F				
G					H				
I					J				
K					L				
M					N				
O					P				
Q									
1	哪些选项对你来说最容易接受？（选三项）								
2	哪些选项对你来说最难以想象？（选三项）								
3	哪一单项业绩最高？								
4	哪一单项士气最高？								
5	哪一单项人际最高？								
6	哪些选项和业绩最相关？（选三项）								
7	哪些选项和士气最相关？（选三项）								
8	哪些选项和人际最相关？（选三项）								
9	业绩最高的选项？								
	对比选项								
10	士气最高的选项？								
	对比选项								
11	人际最高的选项？								
	对比选项								
12									
	对比选项								

ⓐ 管理事件1—3　要求处罚他人的场合

团队业绩：　　　　　团队士气：　　　　　团队人际：

请仔细阅读下列场合背景，并做出相应的决策。（可多选）

14号、15号员工向你反映31号、32号员工存在违反公司规定的行为。虽然是小事情，但根据你的了解，这样的情况的确存在。不过目前距离事件发生已经有一段时间，在当时由于某些疏忽，并没有在第一时间发现。在这种情况下，公司没有明确规定要处理，现在，你会如何处理？

选项	内容
A	告诉他们，做好自己的事情，不要去管别人。
B	告诉他们，很感谢他们告诉你这些信息。
C	不理会他们。
D	找到31号、32号员工，告诉他们相关情况，并按照规定处理。
E	找到31号、32号员工，告诉他们这次不处理，下不为例。
F	向14号、15号员工就自己的监督失职致歉。
G	在公开场合向所有员工就自己的监督失职致歉。告诉他们，这次将由你来负责任，并且不会处罚任何人。
H	在公开场合告诉所有员工，做好自己的事情，不要去管别人。
I	告诉所有人，你正在想办法改善自己的管理以避免监督工作上再次发生疏忽。
J	在公开场合向所有员工就自己的监督失职致歉。告诉他们，这次会按照规定处理，但责任在你。
K	邀请他们所有人来一起讨论关于这次发生的问题，以后该如何改善和避免。
L	要求31号、32号员工进行应用于全部人以后如何改善和避免此类问题的研究。
M	告诉所有员工，公司的规定不是死的，这种现象一向存在，但在不影响大原则的前提下，你不会过于较真。

笔记区：

动机管理工作坊

编号	业绩	士气	人际	团队状态	编号	业绩	士气	人际	团队状态
A					B				
C					D				
E					F				
G					H				
I					J				
K					L				
M					N				
O					P				
Q									
1	哪些选项对你来说最容易接受？（选三项）								
2	哪些选项对你来说最难以想象？（选三项）								
3	哪一单项业绩最高？								
4	哪一单项士气最高？								
5	哪一单项人际最高？								
6	哪些选项和业绩最相关？（选三项）								
7	哪些选项和士气最相关？（选三项）								
8	哪些选项和人际最相关？（选三项）								
9	业绩最高的选项？								
	对比选项								
10	士气最高的选项？								
	对比选项								
11	人际最高的选项？								
	对比选项								
12									
	对比选项								

⑧ 管理事件2—1　对于销售目标的超越

团队业绩：　　　　团队士气：　　　　团队人际：

请仔细阅读下列场合背景，并做出相应的决策。（可多选）

马上就是年末了，今年你所在的团队总体已经完成了销售指标（只有那些能力低于3的成员没有完成指标）。但你知道团队只要再加把劲儿，一定能够超越今年的目标。而完成目标之后，将会有一笔团队奖金由你分配，于是，你会怎么做？

选项	内容
A	对所有人进行鼓励，号召他们加劲儿努力。
B	告诉所有人，今年已经出色地完成了任务，但还没有达到你心目中的要求。
C	告诉所有人，今年已经出色地完成了任务，之后可以没有任何压力地轻松工作。
D	告诉所有人，虽然总体已经完成了任务，但实际上仍然有人没有完成指标，要求每一个人都要完成指标。
E	告诉完成业绩的人，今年已经出色地完成了任务，但他们还可以做得更好。
F	告诉所有人，将奖金平均地分配给整支团队，用来表彰整支团队今年的表现。
G	告诉所有人，将奖金根据今年的业绩来分配，用于表彰业绩出色的成员。
H	告诉所有人，奖金将根据今年的业绩和整体表现来分配，用于表彰整体工作表现出色的成员。
I	告诉所有人，没有完成目标的成员，你将不会给予他们奖金。
J	告诉所有人，没有完成目标的成员，你会给予他们很少的奖金。
K	告诉所有人，没有完成目标的成员，你会根据他们的工作态度给予不同的奖金。
L	在剩下的时间里，不对成员已经分派好的销售计划做任何干涉。
M	在剩下的时间里，对于销售机会做适当调整，给予没有完成目标的成员更多的机会。
N	在剩下的时间里，对于销售机会做适当调整，给予没有完成目标的动机水平更高的成员更多的机会。
O	在剩下的时间里，对于销售机会做适当调整，给予完成目标的成员更多的机会。
P	给予那些完成目标的成员更多的自由，不多做约束。
Q	亲自帮助那些没有完成目标的成员。

笔记区：

动机管理工作坊

编号	业绩	士气	人际	团队状态	编号	业绩	士气	人际	团队状态
A					B				
C					D				
E					F				
G					H				
I					J				
K					L				
M					N				
O					P				
Q									
1	哪些选项对你来说最容易接受？（选三项）								
2	哪些选项对你来说最难以想象？（选三项）								
3	哪一单项业绩最高？								
4	哪一单项士气最高？								
5	哪一单项人际最高？								
6	哪些选项和业绩最相关？（选三项）								
7	哪些选项和士气最相关？（选三项）								
8	哪些选项和人际最相关？（选三项）								
9	业绩最高的选项？								
	对比选项								
10	士气最高的选项？								
	对比选项								
11	人际最高的选项？								
	对比选项								
12									
	对比选项								

管理事件2—2 对于销售目标的达成

团队业绩： 团队士气： 团队人际：

请仔细阅读下列场合背景，并做出相应的决策。（可多选）

马上就是第二季度末了，今年上半年你所在的团队总体距离销售指标只差一步（只有那些能力高于3的成员完成了指标）。但你知道团队只要再加把劲儿，一定能够达到今年的目标。如果完不成目标，团队将会得不到绩效奖金，于是，你会怎么做？

选项	内容
A	对于所有人进行鼓励，号召他们加劲儿努力。
B	告诉所有人，他们还远没有达到你心目中的要求。
C	告诉所有人，不要有任何压力，没有人会由于没有达成目标而被处理。
D	告诉所有人，那些没有完成目标的成员将会被团队开除，你不需要那些无法胜任本职工作的人。
E	告诉没有完成业绩的人，他们会拖累团队，必须要更加努力，否则会有危险。
F	告诉没有完成业绩的人，他们可以做得更好，如果他们没有完成目标，下半年你仍然会给予机会。
G	告诉所有人，如果拿不到奖金，不要怪罪那些没有完成任务的人，责任在你身上。
H	在剩下的时间里，不对成员已经分派好的销售计划做任何干涉。
I	在剩下的时间里，对于销售机会做适当调整，给予没有完成目标的成员更多的机会。
J	在剩下的时间里，对于销售机会做适当调整，给予没有完成目标的动机水平更高的成员更多的机会。
K	在剩下的时间里，对于销售机会做适当调整，给予完成目标的成员更多的机会。
L	开除11号员工以表明你的决心（如果有的话）。
M	给那些完成目标的人更多的自由，不多做约束。
N	亲自帮助那些没有完成目标的成员。

┌───┐
笔记区：
└───┘

动机管理工作坊

编号	业绩	士气	人际	团队状态	编号	业绩	士气	人际	团队状态
A					B				
C					D				
E					F				
G					H				
I					J				
K					L				
M					N				
O					P				
Q									
1	哪些选项对你来说最容易接受？（选三项）								
2	哪些选项对你来说最难以想象？（选三项）								
3	哪一单项业绩最高？								
4	哪一单项士气最高？								
5	哪一单项人际最高？								
6	哪些选项和业绩最相关？（选三项）								
7	哪些选项和士气最相关？（选三项）								
8	哪些选项和人际最相关？（选三项）								
9	业绩最高的选项？								
	对比选项								
10	士气最高的选项？								
	对比选项								
11	人际最高的选项？								
	对比选项								
12									
	对比选项								

👤 管理事件2—3　对于销售目标的推进

团队业绩：　　　　　　团队士气：　　　　　　团队人际：

请仔细阅读下列场合背景，并做出相应的决策。（可多选）

在上个季度，你所在的团队总体没有完成销售指标（只有那些能力高于4的成员完成了指标）。团队没有得到绩效奖金，那些完成了业绩的销售人员对此颇有微词，于是，你会怎么做？

选项	内容
A	对于所有人进行鼓励，号召他们加劲儿努力。
B	告诉所有人，他们还远没有达到你心目中的要求。
C	告诉所有人，不要有任何压力，没有人会由于没有达成目标而被处理。
D	告诉所有人，那些没有完成目标的成员将会被团队开除，你不需要那些无法胜任本职工作的人。
E	告诉没有完成业绩的人，他们会拖累团队，必须要更加努力，否则会有危险。
F	告诉没有完成业绩的人，他们可以做得更好，如果他们没有完成目标，下半年你仍然会给予机会。
G	告诉所有人，如果拿不到奖金，不要怪罪那些没有完成任务的人，责任在你身上。
H	在接下来的时间里，不对成员已经分派好的销售计划做任何干涉。
I	在接下来的时间里，对于销售机会做适当调整，给予没有完成目标的成员更多的机会。
J	在接下来的时间里，对于销售机会做适当调整，给予没有完成目标的动机水平更高的成员更多的机会。
K	在接下来的时间里，对于销售机会做适当调整，给予完成目标的成员更多的机会。
L	开除11号员工以表明你的决心（如果有的话）。
M	为绩效不佳的员工安排培训以帮助他们提升。
N	为绩效良好的员工安排培训以帮助他们提升。
O	为态度良好的员工安排培训以帮助他们提升。
P	为态度不佳的员工安排培训以帮助他们提升。

笔记区：

动机管理工作坊

编号	业绩	士气	人际	团队状态	编号	业绩	士气	人际	团队状态
A					B				
C					D				
E					F				
G					H				
I					J				
K					L				
M					N				
O					P				
Q									
1	哪些选项对你来说最容易接受？（选三项）								
2	哪些选项对你来说最难以想象？（选三项）								
3	哪一单项业绩最高？								
4	哪一单项士气最高？								
5	哪一单项人际最高？								
6	哪些选项和业绩最相关？（选三项）								
7	哪些选项和士气最相关？（选三项）								
8	哪些选项和人际最相关？（选三项）								
9	业绩最高的选项？								
	对比选项								
10	士气最高的选项？								
	对比选项								
11	人际最高的选项？								
	对比选项								
12									
	对比选项								

👤 管理事件3—1　对于人事晋升的告知与处理

团队业绩：　　　　　团队士气：　　　　　团队人际：

请仔细阅读下列场合背景，并做出相应的决策。（可多选）

现在，人事部告诉你，你可以有一个决定权，在你的下属中选择两个做你的副手。做了你的副手之后，他的直接贡献将会变为零，但能够帮你减轻许多压力，并给团队带来提升。

选项	内容
A	要求所有人给予你一份关于工作的陈述，并且安排一次关于晋升选拔的面谈。
B	要求人事部为你安排一次晋升考核，让团队中的所有人都参加。
C	优先选择绩效最好的人进行面谈，告知他们目前有这么一个机会，并且会观望他们中表现最好的人做出选择。
D	优先选择动机水平最高的人进行面谈，告知他们目前有这么一个机会，并且会观望他们中绩效最好的人做出选择。
E	直接选择55号员工作为确定的人选之一。
F	选择55号和54号员工作为确定的人选。
G	选择55号和45号员工作为确定的人选。
H	在你确定了人选的情况下，直接告知他们结果。
I	在你确定了人选的情况下，征求他们的意见。
J	在你确定了人选的情况下，征求所有人的意见。
K	在你确定了人选的情况下，在所有人面前直接宣布。
L	公布你的选拔标准。
M	在结果揭晓之后，找其他绩效良好的人面谈一次。
N	在结果揭晓之后，找其他动机水平良好的人面谈一次。
O	在结果揭晓之后，找其他所有人面谈一次。
P	全部交给人事部处理，不参与其中。

笔记区：

动机管理工作坊

编号	业绩	士气	人际	团队状态	编号	业绩	士气	人际	团队状态
A					B				
C					D				
E					F				
G					H				
I					J				
K					L				
M					N				
O					P				
Q									
1	哪些选项对你来说最容易接受？（选三项）								
2	哪些选项对你来说最难以想象？（选三项）								
3	哪一单项业绩最高？								
4	哪一单项士气最高？								
5	哪一单项人际最高？								
6	哪些选项和业绩最相关？（选三项）								
7	哪些选项和士气最相关？（选三项）								
8	哪些选项和人际最相关？（选三项）								
9	业绩最高的选项？								
	对比选项								
10	士气最高的选项？								
	对比选项								
11	人际最高的选项？								
	对比选项								
12									
	对比选项								

管理事件3—2　对于人事处罚的告知与处理

团队业绩：　　　　　　团队士气：　　　　　　团队人际：

请仔细阅读下列场合背景，并做出相应的决策。（可多选）

上个月你的团队中有四个成员：14号、15号、34号、35号由于违反了公司规定，将会受到行政处罚，绩效工资被扣除。在上个月尽心尽力、疲惫不堪的他们对此表示不能接受，感到非常愤怒。由于下个月将是你完成你的团队指标的重要节点，你不能失去这四个人，你会如何处理他们？

选项	内容
A	约他们每一个人单独谈话，告诉他们要冷静。
B	在私人场合对他们表示支持、理解和无奈。
C	在公开场合对他们表示支持、理解和无奈。
D	对此不进行任何评论。
E	调整工作流程以加强监督。
F	在公开场合向所有人道歉，表示是你的管理失职。
G	指责人事部过于严苛，为他们去人事部争取免于处罚。
H	告诉你的上级领导，这四名员工是重要的力量，希望他能够帮你去人事部寻求更加柔性的处理方式。
I	告诉人事部，你不接受这样的处罚，你和这四名员工可以给出合理的解释，希望能够召开听证会，否则将要向上报告。
J	号召全团队的人为这四人说情。
K	告知人事部和上级领导，你认为这部分的考核评估是有待商榷的。你希望能够得到更加合理的考核评估方式。
L	自己掏腰包补上这些钱，不告诉他们原委。
M	自己掏腰包补上这些钱，告诉他们这是你的决定。

笔记区：

动机管理工作坊

编号	业绩	士气	人际	团队状态	编号	业绩	士气	人际	团队状态
A					B				
C					D				
E					F				
G					H				
I					J				
K					L				
M					N				
O					P				
Q									
1	哪些选项对你来说最容易接受？（选三项）								
2	哪些选项对你来说最难以想象？（选三项）								
3	哪一单项业绩最高？								
4	哪一单项士气最高？								
5	哪一单项人际最高？								
6	哪些选项和业绩最相关？（选三项）								
7	哪些选项和士气最相关？（选三项）								
8	哪些选项和人际最相关？（选三项）								
9	业绩最高的选项？ / 对比选项								
10	士气最高的选项？ / 对比选项								
11	人际最高的选项？ / 对比选项								
12	/ 对比选项								

58

管理事件3—3　对于人事观察的告知与处理

团队业绩：　　　　　团队士气：　　　　　团队人际：

请仔细阅读下列场合背景，并做出相应的决策。（可多选）

现在，人事部告诉你，由于成本控制，所以有可能需要在你的团队中删减一些成员，具体的数量目前还不明确。因此，你需要对你的团队进行一定的观察，以在适当的时候给予人事部适当的建议。

选项	内容
A	告诉所有人这件事情的缘由，让他们了解。
B	不告诉任何人。
C	与每一位员工进行一次单独的面谈，告知他们此事。
D	告诉每一位员工，所有人都有可能成为观察对象。
E	告诉每一位员工，只有那些绩效表现差的员工会成为观察对象。
F	告诉每一位员工，只有那些工作态度恶劣的员工会成为观察对象。
G	告诉每一位员工，只有那些综合表现差的员工会成为观察对象。
H	告诉所有员工，你会保护他们，原则上你不会删减任何人员。
I	直接选择4－5名观察对象，然后告诉所有人，人力资源部已经确定了观察对象，除此之外，其他人都是安全的。
J	直接选择4－5名观察对象，然后告诉所有人，你已经确定了观察对象，除此之外，其他人都是安全的。
K	直接选择4－5名观察对象，然后只与这些人面谈，告诉他们人力资源部已经确定了观察对象，除此之外，其他人都是安全的。
L	直接选择4－5名观察对象，然后只与这些人面谈，告诉他们你已经确定了观察对象，除此之外，其他人都是安全的。

笔记区：

动机管理工作坊

编号	业绩	士气	人际	团队状态	编号	业绩	士气	人际	团队状态
A					B				
C					D				
E					F				
G					H				
I					J				
K					L				
M					N				
O					P				
Q									
1	哪些选项对你来说最容易接受？（选三项）								
2	哪些选项对你来说最难以想象？（选三项）								
3	哪一单项业绩最高？								
4	哪一单项士气最高？								
5	哪一单项人际最高？								
6	哪些选项和业绩最相关？（选三项）								
7	哪些选项和士气最相关？（选三项）								
8	哪些选项和人际最相关？（选三项）								
9	业绩最高的选项？								
	对比选项								
10	士气最高的选项？								
	对比选项								
11	人际最高的选项？								
	对比选项								
12									
	对比选项								

⚇ 管理事件4—1　关于事故主责任人的处理场合

团队业绩：　　　　　团队士气：　　　　　团队人际：

请仔细阅读下列场合背景，并做出相应的决策。（可多选）

在你的团队所负责的事务中，出现了一次重大的项目事故。这次事故的缘由可能是由于客户未能明确地告知他们的要求和环境条件，以及项目的执行人员的疏漏。现在，你知道项目的执行人员33号、34号、43号员工按规定将负主责，可能受到扣除奖金和降级的处分。你会如何处理？

选项	内容
A	告诉所有人，这是原则性问题，一切按规定处理。
B	告诉所有人，这是一次非常严重的事故，能得到教训也不是坏事。
C	告诉所有人，不要因此而动摇，以后请更努力地工作。
D	与主责任人面谈，询问具体的事故原因。
E	与主责任人面谈，告知他们将会受到什么样的处理，并对出现这样的问题表示遗憾，安慰他们。
F	召集全体员工进行避免事故相关的培训。
G	要求他们写检查。
H	尽可能地想办法帮助他们减轻处罚力度。
I	责备主责任人，告诉所有人，每一个人都必须为自己的行为负责。
J	告诉他们，责任并不完全在他们，但公司规定没有办法。
K	告诉人事部和上级，实际上客户因素占了很大的比重，单纯地处罚员工是不公平的。
L	向他们承诺，即使受到处罚，明年你也一定会想办法帮助他们重新升级，挽回损失。
M	不做罚款处理，假装没有发生过。

笔记区：

动机管理工作坊

编号	业绩	士气	人际	团队状态	编号	业绩	士气	人际	团队状态
A					B				
C					D				
E					F				
G					H				
I					J				
K					L				
M					N				
O					P				
Q									
1	哪些选项对你来说最容易接受？（选三项）								
2	哪些选项对你来说最难以想象？（选三项）								
3	哪一单项业绩最高？								
4	哪一单项士气最高？								
5	哪一单项人际最高？								
6	哪些选项和业绩最相关？（选三项）								
7	哪些选项和士气最相关？（选三项）								
8	哪些选项和人际最相关？（选三项）								
9	业绩最高的选项？								
	对比选项								
10	士气最高的选项？								
	对比选项								
11	人际最高的选项？								
	对比选项								
12									
	对比选项								

⊗ 管理事件4—2　关于事故非主责任人的处理场合

团队业绩：　　　　团队士气：　　　　团队人际：

请仔细阅读下列场合背景，并做出相应的决策。（可多选）

接着管理事件4—1的情境，现在，你知道项目的辅助执行人员23号、24号、42号、44号员工按规定也将负一定的责任，可能受到扣除奖金的处分。但这些处分完全在于你是否会向上提及。你会如何处理？

选项	内容
A	告诉所有人，这是原则性问题，一切按规定处理。
B	告诉所有人，你会尽可能地减少大家的损失，不会向上提及。
C	告诉所有人，如果在之后的一段时间之内不再发生事故，你就不会向上提及，否则，就会加倍地受罚。
D	与非主责任人面谈，询问具体的事故原因。
E	与非主责任人面谈，告知他们将会按规定受到什么样的处理，并对出现这样的问题表示遗憾，安慰他们。
F	召集全体员工进行避免事故相关的培训。
G	要求他们写检查。
H	召开会议，让所有人投票决定是否向上提及这些员工的责任。
I	告诉所有人，公司规定就是非主责任人必须受到处罚。
J	告诉所有人，决定权在你。你要看他们的诚意。
K	与非主责任人面谈，告诉他们，决定权在你，你不会对他们做出任何处理，但你不希望这样的事情再次发生。
L	与非主责任人面谈，告诉他们，决定权在你，你决定让他们接受处罚，但这是为了他们的未来着想。
M	由项目的负责人（见管理事件4—3）来处理。

笔记区：

动机管理工作坊

编号	业绩	士气	人际	团队状态	编号	业绩	士气	人际	团队状态
A					B				
C					D				
E					F				
G					H				
I					J				
K					L				
M					N				
O					P				
Q									
1	哪些选项对你来说最容易接受？（选三项）								
2	哪些选项对你来说最难以想象？（选三项）								
3	哪一单项业绩最高？								
4	哪一单项士气最高？								
5	哪一单项人际最高？								
6	哪些选项和业绩最相关？（选三项）								
7	哪些选项和士气最相关？（选三项）								
8	哪些选项和人际最相关？（选三项）								
9	业绩最高的选项？								
	对比选项								
10	士气最高的选项？								
	对比选项								
11	人际最高的选项？								
	对比选项								
12									
	对比选项								

管理事件4—3　关于事故管理者的处理场合

团队业绩：　　　　　团队士气：　　　　　团队人际：

请仔细阅读下列场合背景，并做出相应的决策。（可多选）

接着管理事件4—1、4—2的情境，现在，虽然不会受到任何规定的处分，但这个项目的负责人是53号、54号员工，你会如何处理？

选项	内容
A	不做任何处理。
B	告诉项目负责人，他们要提交事故报告和以后的对策。
C	告诉项目负责人，他们将在未来的一段时间之内不能再负责任何项目。
D	告诉项目负责人，他们要自己决定自己会受到怎样的处罚。
E	要求项目负责人以负责人的身份与其他的项目责任人面谈，告知他们。
F	召集全体员工进行避免事故相关的培训。
G	要求他们写检查。
H	召开会议，让所有人投票决定是否向上提及这些员工的责任。
I	告诉所有人，公司规定就是非主责任人必须受到处罚。
J	告诉所有人，决定权在你。你要看他们的诚意。
K	要求他们以项目负责人的身份与事故责任人面谈，并且由他们来告知责任人的处理方法。
L	要求他们以项目负责人的身份召开团队会议，向团队报告事故的原因和问题所在，并且召集大家制定应对策略。
M	给予项目负责人与主责任人相同的处罚标准。
N	给予项目负责人与非主责任人相同的处罚标准。

笔记区：

动机管理工作坊

编号	业绩	士气	人际	团队状态	编号	业绩	士气	人际	团队状态
A					B				
C					D				
E					F				
G					H				
I					J				
K					L				
M					N				
O					P				
Q										
1	哪些选项对你来说最容易接受？（选三项）								
2	哪些选项对你来说最难以想象？（选三项）								
3	哪一单项业绩最高？								
4	哪一单项士气最高？								
5	哪一单项人际最高？								
6	哪些选项和业绩最相关？（选三项）								
7	哪些选项和士气最相关？（选三项）								
8	哪些选项和人际最相关？（选三项）								
9	业绩最高的选项？								
	对比选项								
10	士气最高的选项？								
	对比选项								
11	人际最高的选项？								
	对比选项								
12									
	对比选项								

管理事件5—1　关于新员工：优秀者的处理场合

团队业绩：　　　　　团队士气：　　　　　团队人际：

请仔细阅读下列场合背景，并做出相应的决策。（可多选）

现在，你面前的员工当中有10名是新员工。他们是11号、21号、31号、41号、51号、12号、22号、32号、42号、52号员工，经过了短暂的新员工入职过程之后，他们正式加入了你的团队开始为期三个月的试用期。在过去一个月之后，他们的表现有了明显的差异，对于表现出色的42号、52号新人，你会如何处理？

（A—I的选项，如果选择，将不能在管理事件5—2、5—3中做同样的选择。例如，如果在5—1中勾选了A，则5—2和5—3的A选项将不能选择。）

选项	内容
A	告诉所有新人，这两名员工是他们的榜样，要向他们学习。
B	告诉所有新人，这两名员工达到了公司要求的标准，其他人如果不努力的话，可能会被淘汰。
C	告诉所有新人，以他们的能力，都可以达到这两个新人的水平。
D	为这两个新人安排更多的学习机会。
E	为这两个新人安排更多的工作机会。
F	与这两个新人面谈，希望他们能够帮助其他新人。
G	成立新人的学习小组，让这两个新人担任组长，组织新人学习。
H	安排团队中最优秀的两名老员工为他们提供个别指导。
I	亲自为他们提供个别指导。
J	安排他们参与非常重要的项目。
K	对他们更为严厉，并且告诉他们这是为了他们的成长。
L	组织老员工组成新人教练小组，请老员工对他们两人进行培训。
M	将他们的表现报告你的上级，希望上级能够对他们进行表扬。

续表

选项	内容
N	与他们做更多的面谈，给予更多的关心。
O	不做任何特殊的处理。
P	与合格者（见管理事件5－2）做同样的处理。
Q	对他们的表现表示不满，希望能够有更多的进步。

笔记区：

动机管理工作坊

编号	业绩	士气	人际	团队状态	编号	业绩	士气	人际	团队状态
A					B				
C					D				
E					F				
G					H				
I					J				
K					L				
M					N				
O					P				
Q									

1	哪些选项对你来说最容易接受？（选三项）	
2	哪些选项对你来说最难以想象？（选三项）	
3	哪一单项业绩最高？	
4	哪一单项士气最高？	
5	哪一单项人际最高？	
6	哪些选项和业绩最相关？（选三项）	
7	哪些选项和士气最相关？（选三项）	
8	哪些选项和人际最相关？（选三项）	

9	业绩最高的选项？				
	对比选项				
10	士气最高的选项？				
	对比选项				
11	人际最高的选项？				
	对比选项				
12					
	对比选项				

⊗ 管理事件5—2　关于新员工：合格者的处理场合

团队业绩：　　　　　　团队士气：　　　　　　团队人际：

请仔细阅读下列场合背景，并做出相应的决策。（可多选）

接着管理事件5—1的情境，对于表现中规中矩的12号、22号、32号新人，他们的表现还算合格，不过并没有表现出过人之处，你会如何处理？

（A—I的选项，如果选择，将不能在管理事件5—1、5—3中做同样的选择。例如，如果在5—2中勾选了A，则5—1和5—3的A选项将不能选择。）

选项	内容
A	告诉所有新人，这三名员工是他们的榜样，要向他们学习。
B	告诉所有新人，这三名员工达到了公司要求的标准，其他人如果不努力的话，可能会被淘汰。
C	告诉所有新人，以他们的能力，都可以达到这三个新人的水平。
D	为这三个新人安排更多的学习机会。
E	为这三个新人安排更多的工作机会。
F	与这三个新人面谈，希望他们能够帮助其他新人。
G	成立新人的学习小组，让这三个新人轮流担任组长，组织新人学习。
H	安排团队中最优秀的三名老员工为他们提供个别指导。
I	亲自为他们提供个别指导。
J	安排他们参与非常重要的项目。
K	对他们更为严厉，并且告诉他们这是为了他们的成长。
L	组织老员工组成新人教练小组，请老员工对他们三人进行培训。
M	将他们的表现报告你的上级，希望上级能够对他们进行表扬。
N	不做任何特殊的处理。
O	对于他们的表现表示不满，希望能够有更多的进步。
P	与不合格者（见管理事件5—3）做同样的处理。

笔记区：

动机管理工作坊

编号	业绩	士气	人际	团队状态	编号	业绩	士气	人际	团队状态
A					B				
C					D				
E					F				
G					H				
I					J				
K					L				
M					N				
O					P				
Q									
1	哪些选项对你来说最容易接受？（选三项）								
2	哪些选项对你来说最难以想象？（选三项）								
3	哪一单项业绩最高？								
4	哪一单项士气最高？								
5	哪一单项人际最高？								
6	哪些选项和业绩最相关？（选三项）								
7	哪些选项和士气最相关？（选三项）								
8	哪些选项和人际最相关？（选三项）								
9	业绩最高的选项？								
	对比选项								
10	士气最高的选项？								
	对比选项								
11	人际最高的选项？								
	对比选项								
12									
	对比选项								

(人) 管理事件5—3　关于新员工：不合格者的处理场合

团队业绩：　　　　　　团队士气：　　　　　　团队人际：

请仔细阅读下列场合背景，并做出相应的决策。（可多选）

接着管理事件5—1的情境，对于表现不合格的11号、21号、31号、41号、51号员工，他们并不能达到你预期的要求，你会如何处理？

（A—I的选项，如果选择，将不能在管理事件5—1、5—2中做同样的选择。例如，如果在5—3中勾选了A，则5—1和5—2的A选项将不能选择。）

选项	内容
A	告诉他们要向其他五人学习。
B	告诉他们，他们还没有达到公司要求的标准，如果不努力的话，会被淘汰。
C	告诉他们，你相信他们的能力。
D	为这五个新人安排更多的学习机会。
E	为这五个新人安排更多的工作机会。
F	与这五个新人面谈，希望他们能够帮助其他新人。
G	成立新人的学习小组，让这五个新人轮流担任组长，组织新人学习。
H	安排团队中最优秀的五名老员工为他们提供个别指导。
I	亲自为他们提供个别指导。
J	安排他们参与非常重要的项目。
K	对他们更为严厉，并且告诉他们这是为了他们的成长。
L	组织老员工组成新人教练小组，请老员工对他们五人进行培训。
M	将他们的表现报告你的上级，希望上级能够对他们进行表扬。
N	不做任何特殊的处理。
O	对于他们的表现表示不满，希望能够有更多的进步。
P	告诉他们做好被淘汰的准备。
Q	告诉他们，你会保护他们，不要担心被淘汰。

笔记区：

动机管理工作坊

编号	业绩	士气	人际	团队状态	编号	业绩	士气	人际	团队状态
A					B				
C					D				
E					F				
G					H				
I					J				
K					L				
M					N				
O					P				
Q									
1	哪些选项对你来说最容易接受？（选三项）								
2	哪些选项对你来说最难以想象？（选三项）								
3	哪一单项业绩最高？								
4	哪一单项士气最高？								
5	哪一单项人际最高？								
6	哪些选项和业绩最相关？（选三项）								
7	哪些选项和士气最相关？（选三项）								
8	哪些选项和人际最相关？（选三项）								
9	业绩最高的选项？								
	对比选项								
10	士气最高的选项？								
	对比选项								
11	人际最高的选项？								
	对比选项								
12									
	对比选项								

管理事件6—1　关于企业变革前期与员工的面谈

团队业绩：　　　　　团队士气：　　　　　团队人际：

请仔细阅读下列场合背景，并做出相应的决策。（可多选）

由于你所在的企业经历了一段低谷，因此公司高层决定做出变革。你的下属员工将会受到影响，其中习惯于过去的工作方式的员工对此感到恐慌。实际上，表现不佳的员工非常有可能在这段时期内被解雇。对此感到尤其恐慌的是22号、23号、24号、25号员工，你会如何处理？

选项	内容
A	告诉他们没什么好担心的。
B	告诉他们，如果不能达到公司的标准，会被淘汰。
C	告诉他们，你也很担心自己的前途，因此唯有努力。
D	单独约谈他们，为他们提供指导。
E	为他们提供更详细的培训。
F	在其他员工中挑选几名优秀员工，邀请他们对恐慌的员工进行指导。
G	告诉他们，要解雇也是解雇11号、12号、21号员工。
H	对他们表现得更为严厉。
I	对他们的工作做更多的表扬。
J	安排他们参与非常重要的项目。
K	一视同仁地不做任何处理。
L	告诉他们，你会保护他们。
M	告诉他们，提前为自己的未来做好其他的打算。
N	告诉所有人，公司的变革只会给他们带来更大的利益。

笔记区：

动机管理工作坊

编号	业绩	士气	人际	团队状态	编号	业绩	士气	人际	团队状态
A					B				
C					D				
E					F				
G					H				
I					J				
K					L				
M					N				
O					P				
Q									
1	哪些选项对你来说最容易接受？（选三项）								
2	哪些选项对你来说最难以想象？（选三项）								
3	哪一单项业绩最高？								
4	哪一单项士气最高？								
5	哪一单项人际最高？								
6	哪些选项和业绩最相关？（选三项）								
7	哪些选项和士气最相关？（选三项）								
8	哪些选项和人际最相关？（选三项）								
9	业绩最高的选项？								
	对比选项								
10	士气最高的选项？								
	对比选项								
11	人际最高的选项？								
	对比选项								
12									
	对比选项								

管理事件6—2　关于企业合并转型前期与员工的面谈

团队业绩：　　　　　　团队士气：　　　　　团队人际：

请仔细阅读下列场合背景，并做出相应的决策。（可多选）

由于你所在的企业经历了一次转型，因此公司即将进行一系列的并购。你的下属员工将会受到影响，其中成绩不佳的员工对此感到恐慌。实际上，表现不佳的员工非常有可能得不到新的合同。对此感到尤其恐慌的是21号、31号、41号、51号员工，你会如何处理？

选项	内容
A	告诉他们没什么好担心的。
B	告诉他们，如果不能达到公司的标准，会被淘汰。
C	告诉他们，你也很担心自己的前途，因此唯有努力。
D	单独约谈他们，为他们提供指导。
E	为他们提供更详细的培训。
F	在其他员工中挑选几名优秀员工，邀请他们对恐慌的员工进行指导。
G	告诉他们，要解雇也是解雇11号、12号员工。
H	对他们表现得更为严厉。
I	对他们的工作做更多的表扬。
J	安排他们参与非常重要的项目。
K	一视同仁地不做任何处理。
L	告诉他们，你会保护他们。
M	告诉他们，提前为自己的未来做好其他的打算。
N	告诉所有人，公司的并购只会给他们带来更大的利益。

笔记区：

动机管理工作坊

编号	业绩	士气	人际	团队状态	编号	业绩	士气	人际	团队状态
A					B				
C					D				
E					F				
G					H				
I					J				
K					L				
M					N				
O					P				
Q									

1	哪些选项对你来说最容易接受？（选三项）				
2	哪些选项对你来说最难以想象？（选三项）				
3	哪一单项业绩最高？				
4	哪一单项士气最高？				
5	哪一单项人际最高？				
6	哪些选项和业绩最相关？（选三项）				
7	哪些选项和士气最相关？（选三项）				
8	哪些选项和人际最相关？（选三项）				
9	业绩最高的选项？				
	对比选项				
10	士气最高的选项？				
	对比选项				
11	人际最高的选项？				
	对比选项				
12					
	对比选项				

👤 管理事件6—3　关于企业上市前期与员工的面谈

团队业绩：　　　　　团队士气：　　　　　团队人际：

请仔细阅读下列场合背景，并做出相应的决策。（可多选）

由于你所在的企业即将上市，企业正在进行员工配股计划。对此，所有的员工都很期待，而其中最期待的是55号、54号、53号员工，然而实际上，得到最多股份的将会是15号、25号、35号、45号员工。你会如何处理？

选项	内容
A	告诉他们不要抱有太高的期待。
B	告诉他们，只有达到公司标准的优秀员工才能得到更多的激励。
C	告诉他们，这将会是对他们贡献的回报。
D	单独约谈他们，告诉他们，公司是根据绩效来判断的，你个人肯定他们的贡献，但可能到手的股份会有所差别。
E	告诉他们，他们是你所看重的在未来有更多机会的员工。
F	为他们在未来提供更多的学习机会。
G	对他们表现得更为严厉。
H	对他们的工作做更多的表扬。
I	安排他们参与非常重要的项目。
J	一视同仁地不做任何处理。

笔记区：

动机管理工作坊

编号	业绩	士气	人际	团队状态	编号	业绩	士气	人际	团队状态
A					B				
C					D				
E					F				
G					H				
I					J				
K					L				
M					N				
O					P				
Q									
1	哪些选项对你来说最容易接受？（选三项）								
2	哪些选项对你来说最难以想象？（选三项）								
3	哪一单项业绩最高？								
4	哪一单项士气最高？								
5	哪一单项人际最高？								
6	哪些选项和业绩最相关？（选三项）								
7	哪些选项和士气最相关？（选三项）								
8	哪些选项和人际最相关？（选三项）								
9	业绩最高的选项？								
	对比选项								
10	士气最高的选项？								
	对比选项								
11	人际最高的选项？								
	对比选项								
12									
	对比选项								

👤 管理事件7—1　关于办公室政治：强势团体的处理

团队业绩：　　　　　　团队士气：　　　　　　团队人际：

请仔细阅读下列场合背景，并做出相应的决策。（可多选）

你发现在办公室中出现了一些明显的政治氛围，你的团队似乎分成了三个鲜明的小团体。他们相互之间产生着影响，例如，在你面前抱怨、产生矛盾冲突，等等。其中，最强势的是由11号、12号、13号、14号、15号、21号、22号、23号、24号、25号所组成的团体。他们抱怨你只能片面地受到55号、45号、44号、54号员工的奉承影响。你该怎么处理？

选项	内容
A	告诉他们你痛恨这种行为，停止这种可笑表现。
B	不对他们说任何事。
C	开除11号员工，并告诉所有人，你只看重绩效和工作表现。
D	表扬15号、25号员工，并且批评11号、21号员工，要求他们学习15号、25号员工的工作绩效水平。
E	告诉他们，相比于他们所说的4名员工，他们并没有表现得更加出色。
F	告诉他们，你知道他们的表现也很出色，但与他们所说的4名员工相比，他们还有些不足。
G	询问他们的需求，将他们组建成一个工作小组，由15号、25号员工担任组长。
H	与他们中的所有人进行面谈，并且警告他们控制自己的言行。
I	为他们安排相应的培训，例如拓展训练，提高团队凝聚力。
J	对他们提高要求，更加严厉。
K	组织员工活动，帮助他们培养感情。
L	约谈团体的主导者15号、25号员工，提出警告。
M	对于团体的主导者15号、25号员工，做出激励和表扬。
N	对他们所有人进行表扬和激励。
O	给予他们更多的工作。

笔记区:

动机管理工作坊

编号	业绩	士气	人际	团队状态	编号	业绩	士气	人际	团队状态
A					B				
C					D				
E					F				
G					H				
I					J				
K					L				
M					N				
O					P				
Q									
1	哪些选项对你来说最容易接受?（选三项）								
2	哪些选项对你来说最难以想象?（选三项）								
3	哪一单项业绩最高?								
4	哪一单项士气最高?								
5	哪一单项人际最高?								
6	哪些选项和业绩最相关?（选三项）								
7	哪些选项和士气最相关?（选三项）								
8	哪些选项和人际最相关?（选三项）								
9	业绩最高的选项?								
	对比选项								
10	士气最高的选项?								
	对比选项								
11	人际最高的选项?								
	对比选项								
12									
	对比选项								

管理事件7—2　关于办公室政治：中立团体的处理

团队业绩：　　　　　团队士气：　　　　　团队人际：

请仔细阅读下列场合背景，并做出相应的决策。（可多选）

接着管理事件7－1的情境，其中，处于中立的是由31号、32号、33号、34号、35号、41号、42号、43号、51号、52号员工所组成的团体。他们抱怨办公室里工作氛围不好，工作环境恶劣。你该怎么处理？

选项	内容
A	告诉他们停止抱怨，把更多精力投入工作中。
B	不对他们说任何事。
C	告诉他们，你会处理相关的人。
D	表扬这些员工，告诉所有人，他们是你心目中的优秀员工。
E	告诉他们，相比于他们所说的其他员工，他们并没有表现得更加出色。
F	询问他们的需求，将他们组建成一个工作小组，由35号、43号员工担任组长。
G	对他们提高要求，更加严厉。
H	约谈团体的主导者35号、43号员工，提出警告。
I	对于团体的主导者35号、43号员工，做出激励和表扬。
J	对他们所有人进行表扬和激励。
K	给予他们更多的工作。
L	给予他们承诺，你将会对强势团队做出应有的处理，他们应当为自己的行为受到惩罚。
M	给予他们承诺，你将会对弱势团队做出应有的处理，他们应当为自己的行为受到惩罚。
N	给予他们承诺，你将会对强势团队和弱势团队做出应有的处理，他们应当为自己的行为受到惩罚。
O	组建平行的工作小组，将强势、中立和弱势的团体成员分散加入这些小组，并由中立小组团体成员担任组长。

笔记区：

动机管理工作坊

编号	业绩	士气	人际	团队状态	编号	业绩	士气	人际	团队状态
A					B				
C					D				
E					F				
G					H				
I					J				
K					L				
M					N				
O					P				
Q									
1	哪些选项对你来说最容易接受？（选三项）								
2	哪些选项对你来说最难以想象？（选三项）								
3	哪一单项业绩最高？								
4	哪一单项士气最高？								
5	哪一单项人际最高？								
6	哪些选项和业绩最相关？（选三项）								
7	哪些选项和士气最相关？（选三项）								
8	哪些选项和人际最相关？（选三项）								
9	业绩最高的选项？								
	对比选项								
10	士气最高的选项？								
	对比选项								
11	人际最高的选项？								
	对比选项								
12									
	对比选项								

管理事件7—3　关于办公室政治：弱势团体的处理

团队业绩：　　　　　团队士气：　　　　　团队人际：

请仔细阅读下列场合背景，并做出相应的决策。（可多选）

接着管理事件7—1的情境，其中，处于弱势的是由53号、54号、55号、44号、45号员工所组成的团体。他们抱怨他们感到乌烟瘴气、受人排挤，感到工作毫无乐趣。你该怎么处理？

选项	内容
A	告诉他们停止抱怨，把更多精力投入工作中。
B	不对他们说任何事。
C	告诉他们，你会处理相关的人。
D	表扬这些员工，告诉所有人，他们是你心目中的优秀员工。
E	告诉他们，相比于他们所说的其他员工，他们也有不足。
F	询问他们的需求，将他们组建成一个工作小组，由55号、45号员工担任组长。
G	对他们提高要求，更加严厉。
H	约谈团体的主导者55号、45号员工，提出警告。
I	对于团体的主导者55号、45号员工，做出激励和表扬。
J	对他们所有人进行表扬和激励。
K	给予他们更多的工作。
L	给予他们承诺，你将会对强势团队做出应有的处理，他们应当为自己的行为受到惩罚。
M	对他们给予帮助，但告诉他们，不会处理其他人。

笔记区：

动机管理工作坊

编号	业绩	士气	人际	团队状态	编号	业绩	士气	人际	团队状态
A					B				
C					D				
E					F				
G					H				
I					J				
K					L				
M					N				
O					P				
Q									
1	哪些选项对你来说最容易接受？（选三项）								
2	哪些选项对你来说最难以想象？（选三项）								
3	哪一单项业绩最高？								
4	哪一单项士气最高？								
5	哪一单项人际最高？								
6	哪些选项和业绩最相关？（选三项）								
7	哪些选项和士气最相关？（选三项）								
8	哪些选项和人际最相关？（选三项）								
9	业绩最高的选项？								
	对比选项								
10	士气最高的选项？								
	对比选项								
11	人际最高的选项？								
	对比选项								
12									
	对比选项								

管理事件8—1　关于员工怠工的处理

团队业绩：　　　　　团队士气：　　　　　团队人际：

请仔细阅读下列场合背景，并做出相应的决策。（可多选）

你的员工当中出现了一段时间的消极怠工的现象，出现怠工现象最严重的是14号、15号、41号、42号员工。你该如何处理他们？

选项	内容
A	在所有人面前警告他们，告诉所有人怠工是不允许的。
B	单独约谈他们，告诉他们怠工是不允许的。
C	不对此做出语言上的评论。
D	在所有人面前警告他们，他们将会面临被开除的危险。
E	单独约谈他们，告诉他们将会面临被开除的危险。
F	询问他们怠工的原因，是否需要帮助。
G	警告14号、15号员工中的一个，告诉他面临着被开除的风险。
H	警告41号、42号员工中的一个，告诉他面临着被开除的风险。
I	加强对他们的监督。
J	加大他们的工作量。
K	要求其他员工加强对他们的监督。
L	警告之后，观察他们，如果还未改善，则减少他们的工作量。
M	将他们的表现报告人事部门，让他们辅助处理。
N	不做任何特殊的处理。
O	给14号、15号员工假期。
P	给41号、42号员工假期。
Q	让他们回家反省。

笔记区：

动机管理工作坊

编号	业绩	士气	人际	团队状态	编号	业绩	士气	人际	团队状态
A					B				
C					D				
E					F				
G					H				
I					J				
K					L				
M					N				
O					P				
Q									
1	哪些选项对你来说最容易接受？（选三项）								
2	哪些选项对你来说最难以想象？（选三项）								
3	哪一单项业绩最高？								
4	哪一单项士气最高？								
5	哪一单项人际最高？								
6	哪些选项和业绩最相关？（选三项）								
7	哪些选项和士气最相关？（选三项）								
8	哪些选项和人际最相关？（选三项）								
9	业绩最高的选项？								
	对比选项								
10	士气最高的选项？								
	对比选项								
11	人际最高的选项？								
	对比选项								
12									
	对比选项								

⊗ 管理事件8—2　关于员工找新工作的处理

团队业绩：　　　　　　团队士气：　　　　　　团队人际：

请仔细阅读下列场合背景，并做出相应的决策。（可多选）

你听到了这样的谣言：15号、25号、35号员工正在寻找新的工作。对你而言，他们是非常重要的战斗力。你该如何处理他们？

选项	内容
A	告诉他们，你有权提前知道他们的选择。
B	单独约谈他们，询问他们对于未来的想法。
C	不对此做出语言上的评论。
D	告诉所有人，任何人都有为自己打算的权利。
E	单独约谈他们，告诉他们你仍然希望他们能够留下。
F	询问他们寻找新工作的原因，是否需要帮助。
G	告诉其他人，不要因此而动摇，做好自己的本职工作。
H	减少他们的工作量。
I	不做特殊的处理。
J	加大他们的工作量。
K	组织他们给其他员工做一些培训。
L	告诉他们不要去影响其他员工。
M	告诉他们，你会为他们争取加薪。

笔记区：

动机管理工作坊

编号	业绩	士气	人际	团队状态	编号	业绩	士气	人际	团队状态
A					B				
C					D				
E					F				
G					H				
I					J				
K					L				
M					N				
O					P				
Q									
1	哪些选项对你来说最容易接受？（选三项）								
2	哪些选项对你来说最难以想象？（选三项）								
3	哪一单项业绩最高？								
4	哪一单项士气最高？								
5	哪一单项人际最高？								
6	哪些选项和业绩最相关？（选三项）								
7	哪些选项和士气最相关？（选三项）								
8	哪些选项和人际最相关？（选三项）								
9	业绩最高的选项？								
	对比选项								
10	士气最高的选项？								
	对比选项								
11	人际最高的选项？								
	对比选项								
12									
	对比选项								

89

管理事件8—3　关于员工辞职的处理

团队业绩：　　　　　团队士气：　　　　　团队人际：

请仔细阅读下列场合背景，并做出相应的决策。（可多选）

你的遇到了一次集体辞职事件，辞职的是14号、15号、24号、25号、34号、35号员工。他们是你团队中很重要的力量。你该如何处理他们？

选项	内容
A	与他们面谈，询问辞职理由。
B	交由人事部处理，不予评论。
C	尽力挽留他们。
D	组织其他人进行会议，告诉他们不要受到影响。
E	单独约谈其他每一个人，告诉他们不要受到影响。
F	尽可能地争取条件，挽留14号、15号员工。
G	尽可能地争取条件，挽留24号、25号员工。
H	尽可能地争取条件，挽留34号、35号员工。
I	不告诉他们，但为他们组织告别活动。
J	让他们自己去组织告别活动。
K	要求其他员工为他们组织告别活动。

笔记区：

动机管理工作坊

编号	业绩	士气	人际	团队状态	编号	业绩	士气	人际	团队状态
A					B				
C					D				
E					F				
G					H				
I					J				
K					L				
M					N				
O					P				
Q									

1	哪些选项对你来说最容易接受？（选三项）			
2	哪些选项对你来说最难以想象？（选三项）			
3	哪一单项业绩最高？			
4	哪一单项士气最高？			
5	哪一单项人际最高？			
6	哪些选项和业绩最相关？（选三项）			
7	哪些选项和士气最相关？（选三项）			
8	哪些选项和人际最相关？（选三项）			
9	业绩最高的选项？			
	对比选项			
10	士气最高的选项？			
	对比选项			
11	人际最高的选项？			
	对比选项			
12				
	对比选项			

第五篇

打造高绩效团队

　　组织的成功是组织中每一个人朝着共同目标努力的结果，这些目标应当是可实现的，能被组织中的所有人明确理解的，而且能反映出组织的基本特征和个性特点的。

——惠普之道（The HP Way）

■ 打造一个高效团队

很多人都希望能获得更大权力，当大官。这种愿望当然是好的，殊不知，领导有的时候是不好当的。如果真的让你领导一个团队，并对团队施加有效的影响，你会如何把一个团队打造成高绩效的团队？你打算具体怎么做？

一个团队可以充满活力、精力充沛、协作无间、能力互补，甚至可以达到高绩效，但也可以像一片毫无生气的沙漠。是什么导致了这种差异呢？

这不是多么高深复杂的事情。几乎每个人都可以有效地领导团队。只要你清楚地了解团队是如何工作的，并注意细节，要执着，有耐心、有毅力，再掌握一些处理意外困难的技巧。

作为团队领导者，你首先需要处理好两种迥异的责任之间的关系：一边管理团队，一边领导团队。

管理意味着进行协调、测评，使整个团队共同努力。必要时，还要注意计时器和记分牌的变化。大家不愿意浪费时间，因此你要使团队里的每一个成员都很乐意全力以赴地工作。优秀的团队管理者应该善于帮助员工树立自信并激发他们的工作积极性，要让他们感觉到所付出的努力是值得的。

领导团队与管理团队不同。领导意味着要引导员工，要倾听、要观察，要对个人及团队的发展动态发挥影响作用。包括要让员工有被尊重的感觉，协调大家共同参与，使整个团队都清楚地知道大家在做什么以及为什么这样做。而领导意味着要激发整个团队的斗志来共同克服困难，消除疑虑，以便实现更高的目标。要进行必要的干预，使整个团队能够朝着既定目标前进。

除了管理和领导之外，许多团队领导者还要承担第三个主要责任，就是充当内部工作专家。团队领导者所面临的最大挑战之一是如何从专家的角度提出自己的意见，但又不能让自己的观点和倾向左右整个团队的正常运作。

这种情况一旦发生，你就会发现有的团队成员开始泄气了。因此，这一责任非常微妙，一定要谨慎对待。

关于团队协作，人们普遍存在这样一种误解：认为如果整个团队运作不利，那一定是因为团队中的某个成员在个性上的瑕疵所造成的。有的时候如此，但在大多数情况下，团队成员的行为是受组织角色和组织责任所驱动的。因此，领导一个团队的关键在于，要帮助团队成员了解他们的角色，并使他们明白应该怎样有效地为团队工作，才能达到他们角色的要求。

要记住：团队的主要目的就是要靠大家的共同努力来创造出一种产品。不要让你的团队成员有这样一种印象：即把任务分派下去，但没有一个计划或者没有足够的时间来对他们的工作进行整合，就能产生预期的效果。作为一个领导者，你应该关注的是如何对团队中每一个人的努力进行整合以获得最大的成功。

在人类的进化过程中，语言的最重要作用不是用来交流，而是用来合作。

——弗里乔夫·卡普拉（Fritjof Capra）

在你正式组建或是接手一个团队之前，一定要先了解决定团队成败的共同因素，以此来帮助你策划具体操作过程。

第一，了解团队的职能

尽管每一个团队都有其特定的任务和目标，这些任务和目标决定其具体行动，但任何一个团队的工作都倾向于遵循一个典型的模式：

- 明确目标
- 就达到目标的途径取得一致意见
- 制定一套完成任务的步骤
- 对成员进行交叉培训
- 逐步执行这些步骤

- 根据计量和分析结果，对这些步骤进行考核并做出相应调整
- 与相关各方进行沟通

第二，明确团队的目的

任何一个团队的组成都有一个特定的目的，团队的每个成员都必须知道并了解团队的目的和所要达到的目标。

比如，你的团队是要为一个政策提供建议，还是要实施一个战略计划？是要解决一个质量问题，还是要开展长期工作？是要开发一种新产品，还是要应对眼下所面临的危机？

无论你们团队的任务是什么，作为领导者，你都必须针对目的，对团队进行反复调整。

第三，明确团队的权限

团队有权决定自己的工作方式和工作方法，但对其他一些活动，仍然需要得到高层领导的同意和支持。比如，团队可以做一些财务决策，但这些决策必须在高层管理者决定的预算范围内进行。

作为团队领导，你和高层管理者要对团队的目的达成共识，并在以下几个方面达成一致意见：

- 人事决定，尤其是跨部门团队的人事决定
- 预算外支出
- 聘请专家或顾问，或者是获得额外的资源
- 团队项目支付和日程安排上的变化

要确保团队中的所有成员和高层管理者都理解并认可团队的权限，尤其是：

- 团队能做哪些决定
- 团队不能做哪些决定
- 所有这些决定将在何时、通过何种方式传递给所有相关人士

当你在策划时，一定要预先明确一个高效团队所应具备的品质。毕竟，最后是由你来负责在团队内部将这些品质变为现实的。

在大多数高效团队里：

· 成员都有共同的发展目标，并为之努力奋斗。如果可能的话，也可以让成员参与现实的、具体的目标的制定过程

· 团队目标远远高于个人目标

· 团队成员明确自己的角色，并且能够根据工作需要转变角色

· 成员具有不同且适用的技术和经验，并且能够彼此借鉴

· 成员能够容忍自己和他人的错误

· 成员对新思想、新观点和冒险行为持开放态度

· 决策要建立在切实基础之上，而不是由个人的办事风格或身份地位来决定

可见，培养一个高效团队需要人们具备多种技能，包括沟通、理解、谈判，甚至是耐心。

那么如何使你的团队成为一个高效团队？管理学家史蒂夫·沙利文认为创建一个优秀团队的要素包括：

· 常识和良好的行为占50%

· 共同期望的积极结果占20%

· 清晰的步骤占20%

· 学科内容知识占10%

把以上提到的所有要素综合到一起才有可能组建成一个成功的团队，要注意的是专业知识只是构成要素的一部分，一小部分，并不起驱动作用。

对管理者来说，组建一个高效团队需要付出相当大的努力。这是一个需要极其负责的过程，需要不断投入大量精力。当然，这种投入是值得的！

让团队随时准备好迎接成功

作为团队管理者，你是介于团队和高层领导或者团队和顾客之间的一个纽带。在你正式筹建团队之前，一定要让你的团队随时准备好迎接成功，一

定要慎重对待高层领导或顾客可能提出的各种情况。

比如：

- 团队的目标明确吗？
- 所制定的预算和设定的最终期限现实吗？
- 各种现有资源足够实现目标吗？
- 团队有没有被授权去完成这项工作？有没有得到必要的支持？

只要管理者对所有这些问题中的任何一个的回答是否定的，那么你都需要后退一步，重新审视一下你的团队，看看它是否具备实现其目标的现实条件。

要采取主动

后退一步并不意味着要发牢骚、要抱怨，或者是要等所有的条件都具备了才接受工作。领导团队要采取主动，你不可能指望所有你需要的条件一开始就都摆在你面前，特别是如果你是新上任的团队管理者，在你还没有太多成就的情况下更是如此。

- 充分利用网络，并尽量去寻求任何可能的帮助。
- 向别人或者别的部门寻求帮助。
- 发挥你的主观能动性去寻找完成目标所需的人员、设备和技术。

如果时间框架或者预算问题不现实，建议：

- 采取相对较为现实的做法。
- 提供充分的证据来证明你需要什么、为什么需要。
- 证明给大家看你需要更多的资源。
- 明确告诉大家，利用现有的时间或资金你能做到什么程度。

后退一步需要管理者在策略运用上十分老练，而且要慎重运用你的影响力。但每当你成功领导团队之后，你的成就会大大提高，你也会因此而名声大噪。渐渐地，你就会吸引更多团队需要的人员加入进来，进而去实现你的抱负。

要现实些

如果你明知道你所制定的时间框架显得有些荒谬，或者你明知道你所需要的资源根本不够充分，但你却说你能够实现团队目标，而且期望做到最好，那你的团队就注定要以失败而告终，甚至也许会因此而毁掉你个人的职业生涯。痴心妄想只会增加你的挫败感，甚至会导致灾难的发生。这样一来，你不但会失信于你的上级领导，而且还会失信于你的团队成员或者同事，因为是你使大家的努力付之东流。因此，一定要现实一些，也就是说，如果受到诸多条件的限制而使你无法完成团队目标，那你就不要轻举妄动。

高绩效团队中员工的动机诉求

组织发展来自多个层次：营运创新、产品创新、战略创新，当然还有管理创新。而高绩效无疑是团队发展的最明显的诉求。

高绩效团队的典型团队类型代表就是高能力团队、精英化团队和高意愿团队，不同的团队中员工的动机诉求是不一致的，主要来源于三个维度：责任寄予、个人公平和自由授权。

员工满意度与动机解锁模型

动机解锁一：责任寄予

责任寄予：价值观念的认知，是一种无条件的信任。在这种无条件的信任中，我们不需要对方首先做出什么让我们信服的行为，即可实现对于对方的信任。这种责任的主动承担是基于一种假设：任何人的本质都是善良而诚实的，因此，在这种责任一旦被赋予后，执行者会努力实现对方的诉求。

责任寄予的实现更多的是自我认知和道德层面的。有人说能力越大，责任也就越大；很多人在看自己的时候，会把这句话反过来，责任越大就需要更大的能力来支持。在为这个问题争论时，我们发现，这实际上依然是态度思想问题。

在高意愿团队中，大家对这种团队相处的原则极容易建立共识或者说是达成默契。大家会制定或默认一条原则，并且严格遵守：如果对方出现了责任无法兑现的问题或现象，给予对方的机会次数应当是受限的，1次或者2次，不应当超过3次。

如果反复给予机会，那么会导致对方认为你没有办法实现你的责任和任务，从而你会损失机会。

有些观点认为，应当根据未能兑现责任的原因而定：由于人格上的问题不能给予超过1次的机会；由于能力上的问题，则可以给予2次以上的机会，只要对方是确实尽力，并且存在客观原因的。

不管怎么说，责任寄予是实现柔性高绩效团队非常重要的一种手段。前提是员工有非常好的职业态度和素养，对管理者本身充满信心，此时适度的责任寄予是提升团队绩效状态的一种手段。

动机解锁二：个人公平

个人公平：利益分配的机制。绝对的公平是不存在的。在企业管理中，公平的表现取决于衡量标准的设定。无论是按劳分配，还是结果为王，都尚未发现有一种标准可以满足所有人的需求。这是与企业的本质相关的——企业的本质是追求利润，这意味着对利润的贡献永远都是标准中的一部分。但企业在生产利润中具有许多不确定的、不可衡量的内容，这些内容往往是影响企业的核心因素。

一位平时懒惰、时而顶撞他人但才华横溢的品牌营销策划人员，和一位兢兢业业、不会犯错的产品质量检测人员，哪一位对企业的贡献比较大呢？哪一位应当拥有更高的薪资、更多的认可呢？

两位销售人员，一位懒惰而聪明，绩效出色，而另一位勤恳努力，绩效稍逊一筹，谁更应该得到晋升呢？

这样的问题，是企业管理者不得不面对的公平问题的体现。这样的决策背后是对企业公平性的考验。

尝试对这些问题做细致的评估是很困难的。我们很难将如此之多的复杂条件进行定量分析。然而，在实际工作中，我们依然有一些简单的指导原则帮助我们避免破坏公平。

公平最重要的是统一的标准，物质激励的前提就是必须通过持续而统一的标准来实现其公平。对已经确定了的标准、界定好的问题，不应该姑息和迁就，否则就会破坏组织的公平性。这就意味着，尤其是薪酬制度必须是清晰的、固定的、刚性的。我们需要确保我们与员工在讨论一些原则性问题时，特别是牵涉激励、监管、晋升、问责等过程中，具有统一的客观标准。我们必须让员工明确，提升生产效率，指的是在同样的生产周期中提升价值，还是降低次品率、缩短生产周期，甚至是降低库存。

个人公平的实质可以总结为一句话：我的付出要有公平的回报。这个预测是相对公平、透明和固定的。

动机解锁三：自由授权

自由授权：组织环境的权力。自由授权是指人们可以作为、不作为或要求别人作为、不作为的一种方式。自由授权为人们的自主行为和良性互动提供行为模式，为组织工作提供一种灵活的配合模式。

自由授权的特点是为权利主体提供一定的选择自由，对权利主体来说不具有强制性，它既不强令权利人作为，也不强令权利人不作为。相反，它为行为人的作为、不作为提供了一个自由选择的空间。权利规则常常同时暗含对相对义务人一定的作为或不作为义务的规定，否则自由授权就会落空。

自由授权在管理过程中，要遵循以下三个原则：

第一，自由授权是高度信任的产物，不仅是对人格的尊重，更要有能力的保证。

没有人可以随心所欲地工作，授权本身就是要让人与事务合理地分工匹配。要做好以下几点：

1. 精确地定义你所需要的人员的能力；

2. 权衡现有的资源，草拟初步的分工安排；

3. 共同商讨和确认，与他们达成共识。

第二，没有明确的成果标准，不要给予任何特权。在某些组织中，会出现某些人有特权的情况，而这些情况并不值得所有企业借鉴。我们必须让员工知道：特权是属于少数人的——仅仅是由于他们具有最高的创造利润的能力——并且特权是为他们创造更高的利润提供帮助的东西。如果做不到这一点，就不能使员工专注于工作。

第三，请相信他的能力，不要过多地追问对方的工作进度。监督和驱动并不是由不断的追问完成的。在实践中，自由授权的过程中，只要约定一个反馈和评估的时间以及明确的标准，剩下最最重要的事情，就是不要过度干扰对方执行的过程。自由授权的过程中你必须给对方应有的"自由"，他们喜欢这种对抗，他们需要做决策去验证他们的逻辑。这也是保证参与度和投入的重要手段。

■ 六种经典激励模式的核心

德鲁克认为，激励人才是领导者必备的能力。必须学会如何激励别人，才能发挥领导作用。有学者的研究表明，科学有效的激励能够让员工发挥70%～80%的潜能，而在缺乏科学有效激励的情况下，人只能发挥出20%～30%的潜能。能否激励人才，直接关系到管理者的工作成效。人们常说，用力干能把事干完，用脑干能把事干好，用心干能把事干成。美国心理学家威廉·詹姆斯研究发现，人类精神最深切的渴求就是受到赞扬。著名作家马克·吐温曾说，"一句精彩的赞辞可以做10天的口粮。"人的潜力是巨大的，需要通过有效的激励手段进行挖掘，调动每个人的工作积极性、主动性和创造性。当前，经典的激励理论主要有六种。

第一种：需要理论下的物质激励

美国人本管理学家马斯洛把人的需要分为五种，从低到高依次为生理的、安全的、社交的、尊重的和自我实现需要。生理需要、安全需要是人的基本的低层次需要；社交需要、尊重需要和自我实现需要是高级的需要。低层次的需要主要是从外部使人得到满足，而高级需要是从内部使人得到满足。人的需要的满足具有层次性，对大多数人来说，只有当较低层次的需要得到满足后，才会产生高一个层次的需要。只有尚未满足的需要才能影响人的行为，已满足的需要不能起到激励作用，在一定的时间和条件下，人的行为是由主导需要决定的。这启示管理者：要掌握员工的需要层次，满足员工不同层次的需要；要了解员工的需要差异，满足不同员工的需要；把握员工的主导需要，实施最大限度的激励。

物质激励的本质

如何激发员工的工作热情？"发奖金""涨工资"，也许有人会如是说。事实上这都是生理需要和安全需要感到不足的感受，那么我们就首先看一下大家既熟悉又陌生的物质激励。

为什么说熟悉？是因为大家动辄就将员工难于管理的原因直接归结为"挣钱不多"，好像认为只要有了钱就能够解决这些问题。为什么又说陌生？关键在于"发钱"事实上比不发钱、维持现有状态更难，一方面是钱的"来源"，另一方面更关键的是怎么发放，如果发放"不合理"，与员工预想的有出入，甚至会造成巨大的人际冲突和组织矛盾。

那么物质激励的本质到底是什么？当然就是发钱的艺术，企业最重要的工作就是解决"利益分配"问题，如何建立利他共赢的利益分配机制。企业支付员工薪酬不是为了购买员工的时间，而是员工创造的价值！绩效与薪酬最后应该是一个整体，而不是分开的两个部分；如果将它们分开，结果是员工只看重薪酬，而不创造价值。

物质激励的本质是要达到让员工清楚明白地知道自己的价值与应获得的劳动报酬，真正实现多劳多得，有效激发员工的潜能。

物质激励是来自外在的激励。外在激励的效果是暂时的，一旦外在刺激条件消失，行为又回到了原点。或者说只有外在刺激才能带来内在的反应，有刺激才能有行动，没有刺激就没有行动。巴甫洛夫的条件反射实验证明动物的行为大多是受外界条件刺激的，它们的行为是被动的。人毕竟是高级动物，还有自己的主观能动性。员工的激励应该调动主观能动性。

德鲁克指出"金钱报酬不是重要的激励员工的手段"，再好的经济奖励也不是责任感的替代品。当然非物质激励并不能弥补经济激励缺失带来的不满。物质与精神层面的激励都是必要的。

要想有效解决员工激励的问题，必须了解人性的特点。对人性的研究，德鲁克早在20世纪30年代就已经完成，并构成了其管理学的心理学基础。物质激励，特别是金钱，不是正面激励。它是基于人性的"贪婪"，起码是基于人的"物质欲望"。物质欲望无止境，越激发就越强烈，欲望会越多。有人说欲望是万恶之源，虽说有些过激，但足以说明，物质激励尤其容易产生负面影响。员工想要的不是"多点"，而是"再多点"。

人不是纯物质的，也非纯精神的，而是物质与精神的综合体。马斯洛的需求层次理论告诉我们，物质需求或激励是低层次的，自我实现、精神需求是高层次的；只有低层次的需求被满足之后，高层次的需求才会凸显出来。

梁漱溟先生将人划分为人身和人心。我们可以看看"人"字的写法：一撇、一捺，一撇，代表人身；一捺，代表人心。人是先有人身后有人心。身心健康，说的是身在前、心在后。但是一捺是人字的支撑，没有这一捺，人立不起来。人心是人的支撑。

人身是物质的，人心是精神的。人身的需求，物质需求，如衣食住行，被满足之后，人心的问题才会暴露出来。

企业需要保持一个相对稳定的员工队伍。如此做，不仅是劳动成本的原因，更是知识的积累使然。员工频繁流失是企业利润的黑洞。知识积累需要时间，更重要的是知识保存在个体的大脑中，而不是企业的电脑里。一个人走掉，会带走这些知识，新来的人要重新积累知识。技术变化也使得掌握一门技术有待时日，任何技术都是熟练工种。只有稳定的员工队伍才能提高工作效率和效能。

物质激励的十六字箴言

事实上，每一种管理行为，有人开心就有可能有人不开心，事物本身是对立统一的，放在团队管理上面更是如此。

物质激励在使用过程中，通常会经历四个阶段：目标的制定与分解；方法的选择与评估，定性分析；标准的制定与量化，定量分析；结果的评估与审计，绩效考核。这四个阶段对应的就是物质激励的十六字核心箴言：

能力优先、多劳多得、结果考核、刚性评估。

这就意味着在物质激励的过程中，不是所有的团队成员都会得到实际的好处，事实上，只有那些能够拿到奖金的人或多拿奖金的人才会受到真正的激励。

上面的十六字箴言已经非常明确地告诉了我们物质激励受益的群体，只有那些能力高于平均水准的人，才有机会得到"奖金"，我们甚至可以理解为只有能力3以上的员工才可能得到"好处"。那些能力3以下的员工事实上是不会得到任何"好处"的，而且由于对比产生的压力，他们甚至会把这种感受直接转化为对制度、领导者、组织的直接伤害。经过仔细分析，我们可以非常明确地看到意愿较高、能力较低的员工是这种管理行为最大的"矛盾"群体。由于（1，1）、（2，2）员工在什么样的管理行为下，都不开心，所以我们一般不关注。真正需要管理者注意的是，你能否接受意愿较高、能力较低的员工，即（3，1）、（5，2）右下角的员工群体会受伤害的事实？他们的群体数量、所占的团队比重、他们会造成大多的破坏力、会造成多大的人际伤害，事实上决定了你的物质激励能否落实，这些是能否取得预想结果的关键因素。

物质激励的使用必须和能力、机制、结果、刚性的管理文化紧密结合在一起才能发挥最大的作用。物质激励是打造高能力团队最好的管理手段，这是因为负面的矛盾群体人数少、破坏力小，在这种类型的团队组成中，团队的文化和现有的体系，从上到下都是可以接受的，所以执行起来就容易，也不会有人觉得有什么不妥。

相反，在低能力团队中，所有团队成员暂时还无法独立胜任工作任务和岗位的要求，对目标达成更是无法保证，如果设立较高的目标，一开始大家就知道无法完成，不但起不到激励的效果，还会打击团队成员的积极性。当然，事实上组织也不会特意将目标降低到岗位目标以下，这样组织会承担较大的经营风险和人力成本。

管理强调的是适合与匹配的原则，物质激励最适合的团队一定是高能力团队，在中庸式团队和精英化团队中同样适用，在低能力团队、无为团队、家庭式团队、高意愿团队中使用效果就会大打折扣，甚至是举步维艰。

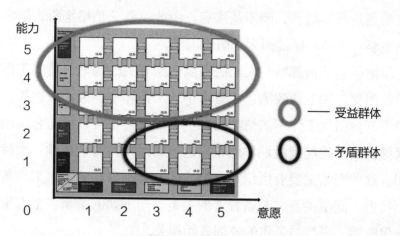

物质激励团队矛盾分析

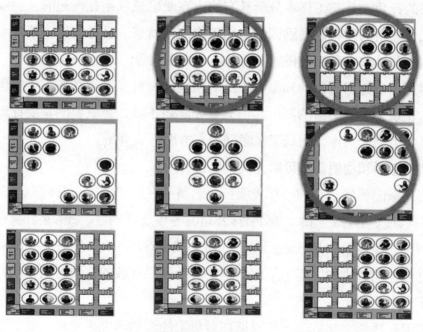

物质激励适用团队类型

第二种：双因素需求理论下的精神激励

赫茨伯格发现，通常人们认为，满意的对立面是不满意，这种观点忽略了两种情况：即满意的对立面是没有满意，而不是不满意；同样，不满意的对立面是没有不满意，而不是满意。由此，赫茨伯格推断，影响人们行为的因素主要有两类：保健因素和激励因素。

保健因素是指那些与人们的不满情绪有关的因素，是同工作环境和条件相关的因素，如企业政策、工资水平、工作环境、劳动保护等。这类因素处理得不好会引发工作不满情绪的产生，处理得好可以预防和消除这种不满。但保健因素不能起到激励作用，只能起到保持人的积极性、维持工作现状的作用。这些因素主要有组织规章制度的监督、公司政策、工作条件、工资、福利待遇、同事关系、与监督者的关系、与下属的关系、个人生活、地位、其他保障等，主要与工作的外部条件相关。

激励因素是能够促使人们产生工作满意度的因素。这些因素真正影响和激励人的行为，是与工作本身所具有的内在激励感联系在一起的、能够激励职工工作热情的因素。激励因素包括工作的成就感、自己的努力获得承认、工作内容和性质本身、责任感、晋升、个人成长等。

赫茨伯格提出要调动和保持员工的积极性，首先必须具备必要的保健因素，防止员工不满情绪的产生；但只是如此还不够，更重要的是要针对激励因素，努力创造条件，使员工在激励因素方面得到满足。

精神激励和物质激励可以完美地结合

美国全面薪酬学会的一项表明：一名员工在组织中工作时的总体感受，60%来自自己的直接上司，20%来自公司的各项规章制度，20%来自自己的同事。同时，盖洛普一项长达25年的研究也表明60%～70%优秀人才流失是由于其直接上司造成的，而不是由薪酬或其他原因导致的。员工缺少上司赏识造成了人才流失。

美国心理学之父威廉·詹姆斯在对员工的激励研究中发现，缺乏激励的员工仅能发挥实际工作能力的20%～30%，受到充分激励的员工，其潜力则可以发挥到80%～90%。我国在员工激励方面的关注比较晚且大多集中在薪酬等物质激励，对员工的精神激励措施很少，员工的积极性和创造力的发挥也受到极大影响。如何进行精神激励、精神激励的方法如何不断更新等问题仍是企业急待解决的内容。

　　根据调查，世界上几乎没有一个老板和首席执行官不会宣称："人是我们最宝贵的资源。"但实际上，"2015年的一次全国性调查发现，98%的管理人员认为提高雇员表现可以为公司提高生产率，97%的管理人员认为雇员是公司最重要的资产，但是同样的管理人员却在商务资产排名中把人力资源放在了所有16种资源中第15位。"

　　那么精神激励的本质到底是什么？事实上是行为和过程的管理艺术。精神激励的本质是让员工保持良好的情绪状态和增加正向行为的付出，真正做好行为管理和过程控制，从而推动组织绩效的提升。

　　杰克·韦尔奇曾说："任何组织的领导工作，都是建立周围人的自信，让这些人都觉得自己身高丈八。为周围人的每一项成绩鼓掌，不管成绩有多小。这可比什么特定的战略计划重要多了。"

　　只有释放团队成员的能量，你的团队才能拿到最好业绩。释放团队成员能量不能靠管理，也不能靠引领，而得靠激励，并且更重要的是精神激励。精神激励是无法从自私的动机中衍生出来的，管理者需要关心他人，优化与他人的关系，让这种关心潜移默化、自然无声地介入他们的工作中，从而产生内在的精神激励。

　　表面上看，物质激励和精神激励在一个组织中是一对互为矛盾的管理手段，但两者作为一个组织中两种重要的激励手段，是相辅相成、互相促进的，缺少了任何一方都会使另一方的效果大打折扣。单纯的精神激励只能在短期内调动员工的积极性和创造性；同样，单纯的物质激励也可能使人们产生拜金主义，在没有物质激励的情况下就不能很好地工作。在激励手段的选择上，应该综合考虑是薪酬多一些还是奖金多一些，到底是物质激励多一些还是精神激励多一些，是设定目标还是引入竞争机制，是优化环境还是强化制度，进而将员工的需求与管理措施更好地结合在一起。

精神激励的十六字箴言

　　面对既定的工作指标和压力，几乎每个上司都在梦想所领导的团队是一支常胜军，且具有如下的特质：他们加班不拿加班费，只得到一份盒饭；双休日、节假日照常乐于工作，而没有丝毫埋怨；经常出差，从不推诿或找理由拒绝；对团队组织目标的实现，有着极为强烈的追求；他们太忙时，会主动请家人、朋友义务协助；他们永葆赤子之心和永不服输的精神；视能为顾客服务为至高无上的荣耀。

这就是精神激励的作用和效果。最常见的精神激励是积分制管理。积分制管理下，不仅满足员工的物质需求，也能满足员工的精神需求。实行积分制管理以后，员工的积分越高，说明他们对公司的贡献越大，在公司的地位就越高，自我成就感就越强，特别是积分终身累计，不清零、不作废，永远有效，随着积分的不断积累，员工的精神需求就会得到满足。

在传统管理方法中，管理者对员工要求过于严苛，只管员工工作相关的事情。但是优秀人才的创造性往往蕴含于其独特鲜明的个性之中，一元化只能抹杀激情和创造力。长此以往，优秀人才很可能从企业中流失。

积分制管理下，鼓励员工展示自我，员工有特长加分，例如会唱歌、跳舞、外语等都会得到积分的添加，这不仅认可了员工在工作上的表现，也认可了员工的技术特长。

积分制管理可以对员工点对点地及时激励，比如：小张事情做得又快又好，还经常帮助其他同事，那我们就可以给他奖分进行认可；小李会议上踊跃发言，提供建议，同样也可以给予奖分进行激励。

积分制激励的本质就是通过积分的形式将员工的意愿和行为表现有效地标识出来。一次奖"分"解决了精神、荣誉、物质恩惠三个层面的问题：

在金钱方面：不扣钱，胜似扣钱；不奖钱，效果比奖钱还好。

在荣誉方面：在钱和面子两者之间，有的时候都重要，有的时候也可以塑造面子比钱更重要的环境与氛围。

在物质方面：从小恩小惠到福利赠予，从即时激励、短期激励到中长期激励都可以，设计空间大，实施形式灵活。

积分制激励在使用的过程中，通常会经历五个步骤：

第一步，正向行为的选择：明确界定员工每一个好的表现或不好的表现；

第二步，积分标准的确定：根据组织战略和目标，针对每一个行为给予分值的界定；

第三步，积分过程的记录：及时记录员工的行为和过程付出，客观公正；

第四步，积分结果的公布：每天、每周、每月自动公示积分结果；

第五步，积分分值的兑现：灵活、多样的兑现分数，激发员工对荣誉的重视，挖掘人的内在需求。

这五个步骤对应的就是积分制激励的十六字核心箴言：

行为选择、过程控制、全员激励、结果转换。

上面的十六字箴言已经非常明确地告诉了我们精神激励受益的群体，只有那些意愿高于平均水准的人，才有机会相信管理者、相信文化、相信愿景，所以积分制激励的受益群体是意愿零动机及以上的人员。

经过仔细分析，我们可以非常明确地看到意愿较低、能力较高的员工是这种管理行为最大的"矛盾"群体，即（2，4）、（1，5）左上角的员工是核心的矛盾群体。

精神激励是打造高意愿团队最适合的管理方式，毕竟零动机右侧的人员众多，左上角的矛盾群体的负面干扰最小。按照匹配性的原则，对家庭团队和精英化团队，精神激励同样有效。反之，在低意愿团队、无为团队、高能力团队中推行的精神激励，就会遇到重重阻力。

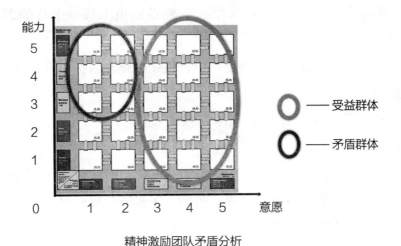

精神激励团队矛盾分析

受益群体

矛盾群体

精神激励适用团队类型

第三种：期望理论下的成长激励

美国心理学家弗洛姆认为，人们行动动机的强弱由两个因素决定，即个体对这种行为可能带来的结果的期望值，以及行为结果对行为者的吸引力。

换言之，期望理论包括了三重关系。

1. 努力与绩效的关系。人们总是通过一定的努力来实现既定的目标。

2. 绩效与奖赏的关系。在达到一定绩效后，人们总希望得到与之相应的报酬和奖励。

3. 奖励与个人目标的关系。如果工作完成，个体所获得的潜在结果或奖赏对个体的重要性程度，与个人的目标和需要有关。个体对通过一定程度的努力而达到工作绩效的可能性存在不一样的认知。

期望理论可表示为：激励 = 效价 × 期望值（M = V × E）

M代表激励力量、工作动力。

V代表效价、工作态度。也就是某项活动成果所能满足个人需要的价值大小。

E代表期望值、工作信心。指一个人根据经验所判断的某项活动导致某一成果的可能性的大小，以概率表示。人们对期望值的认知包括两个环节的主观判断因素：一个是对努力转换为工作绩效的可能性的判断；另一个是个人对工作绩效转换为预期报酬可能性的判断。

期望理论表明，激励是一个从员工需要出发到员工需要得到满足为止的过程。员工只有在预期他们的行动会给个人带来既定的成果且该成果对个人具有吸引力时，才会被激励起来去做某些事情以达到这个目标。或者说，个人从自身利益出发，通常倾向于选择他认为能够达到他所预期的报酬结果的绩效和努力水平。这为管理者提高员工的工作业绩提供了一系列可借鉴的途径。

激发欲望成就员工绩效

激励员工的本质，是让员工的工作潜能得以充分释放和发挥。每个人都是一座能量的工厂，人体中超过90%的能量从来没有被使用过。

动力取决于期望。要想充分调动员工的潜能，就必须激发员工积极而振奋的情绪，激励性的能量才会被释放出来。

管理学大师德鲁克认为一个人不满意他的工作，可能是无法从工作中获得满足，也可能是因为他想要有所长进，想要改善他和所属团队的表现，想要完成更大更好的任务。这种对现状的不满意，恰恰是激发他工作动力的积极因素，而不是阻碍因素。因此，满足员工需求的一种方法就在于要让员工树立更高的期望。

《完美激励》认为"欲望驱动自我激励"，激发员工动力的因素是"欲望"，而不是"需求"。"需求"只是生存的必要条件，"欲望"则是我们主动想要得到的事物。一个人的"欲望"就是"我想要"，具有激励作用；而"需求"则是"我有"，没有激励作用。不满足于现状是人的本性，不满足才能产生欲望。因此，激发员工的动力，本质上就是激发员工的"欲望"。

《完美激励》一书列举了人类有八种主要的欲望：

第一，活动欲

活动欲反映了人类对刺激——活跃、参与、享受生活——与生俱来的向往。员工希望主动和参与，希望工作多些花样。

第二，占有欲

一个人拥有多少东西，已经成为衡量其个人价值的首要尺度。占有不只限于物质的拥有，心理占有可能比物质占有更重要。员工希望"占有"他们的工作，他们希望有这样的感觉：自己对这份工作或者某个大项目负有责任。为此他们愿意工作很长时间或者接受较低的工资待遇。但是在工作场所，我们很少尝试去满足员工的这些潜在占有欲。

第三，权利欲

权利欲在人性之中也是根深蒂固的，人们希望自己做选择，渴望掌控自己的命运。公司通过有效"授权"，就可以释放出员工巨大的工作动力。

第四，亲近欲

每个人都有与别人互动和交往的欲望。工作占据了一个人人生中最重要的阶段和大部分时间，工作场所是员工社会交往的主要场所。因此，在组织中构建和谐的团队，形成人和人之间相互支持和帮助的关系，增强员工对自身社会身份的认同感和归属感，是激励员工的重要途径。

第五，能力欲

人一出生就有能力欲，它是最基本的人类欲望，人类的生存依赖于能力，能力处于自尊的核心，人生中没有哪种感觉比获得能力更好了。拥有能力是一种深刻而持久的欲望。所有员工都希望在工作中获得更多能力，企业要为员工创造这样一种能够不断学习和成长的环境。

第六，成就欲

成就欲处于工作中的核心地位。从成就获得的最终满足是骄傲，或者是完成工作之后的充实感。如果员工在工作中能够获得成就感，那么任何外部的奖励都是没有必要的，甚至有时外部的奖励还会减少成就感所带来的快乐。

第七，被认可欲

每个人都希望被别人赞赏和理解，希望因为他们的优点和贡献而受到认可。得不到足够认可的员工，会变得郁闷和消极。给予认可的方式有多种，包括金钱、礼物甚至是一句简单的"谢谢"。美国的员工关系专家Bob Nelson在1999年9月至2000年7月期间对美国34家公司的中层经理和员工所做的调查表明：认可与改善工作绩效有着非常强的联系。管理者对于员工，认可和赞美是最便携、最有效的激励方式。

第八，信仰欲

"人对意义的追寻，是其生命的第一驱动力量。"人们为了自己心中的理想和信仰，甚至可以献出自己的生命。

总之，激发员工工作动力必须充分关注员工的情绪，尽力激发员工积极而振奋的情绪。能有效调动员工积极而振奋情绪的，是欲望，而不是"需求"。因此，激发员工欲望，是企业在员工激励管理中的新使命。

员工最大的欲望其实是学习与成长

大力开展企业员工培训已经成为一个企业持续发展的基本要求，所以企业开始重视培训，但重视培训不一定就能够做好培训，企业员工培训工作有自己的运行特点。培训不是万能，但没有培训万万不能。依据企业员工培训工作的特性，企业各级人员需要从以下几个方面更新自己的培训理念：

1．培训是企业的推助剂。企业员工培训工作的开展需要企业最高领导的支持与重视。培训不能直接产生效益，所以往往被很多人忽视，但是企业最高领导必须重视，要让全体员工知道领导对培训的态度，否则培训永远只能在大家工作的边缘。

2．培训并非万能。企业的很多问题不是仅仅依靠培训就可以解决的。比如企业资金问题、企业架构问题、行业问题、领导风格问题，等等，这是企业内部培训无法完成的事情，只能依靠引进人才甚至求助于企业管理咨询机构以及企业自身的改革来完成。但是，培训又可以为企业各个方面服务，比如销售、采购、人力资源开发、团队建设、职业化、人员素质，等等。记住，这里的培训是帮助作用而不是决定作用。

3．培训是一个综合性的工作。企业需要方方面面的提高，团队的、技能的、素质的、职业化的，等等，所以培训工作就必须围绕这些方面整体进行，既不能单一依靠某个思想的灌入就会成功，当然也不能进行大而全而空的没有实际效用的培训。

4．培训的互动性。企业员工培训工作绝对不仅仅是培训管理部门的事情，企业培训工作是企业所有员工的事情。企业全体人员都必须深刻认识培训对自己、对自己工作的重要性。

5．培训效果的隐藏性。很多企业的高层管理者总是希望培训能够给企业带来立竿见影的效果，希望员工听课以后就可以迅速运用到工作中，迅速解决问题。这只是理想。培训是一种潜移默化的东西，需要反复地、长年累月地给员工灌输，需要激励员工去执行、去运用。培训可能无法立刻见效，但可能几十年有效。正如杰克·韦尔奇说："培训的成本是有限的，但效益是无限的。"

成长激励矛盾分析

企业员工培训发展到今天，开始受到越来越多企业的关注。很多企业开始真正引入和建立企业内部培训机制，同时在企业内部成立了专门的培训管理部门甚至企业大学。事实表明，企业员工培训在企业管理、人力资源开发、提升企业整体效益方面发挥着越来越重要的作用。

成长激励的本质就是在组织内部建立学习型的组织，通过培训机制，以老带新，相互学习，以团队分享、互动交流的方式和形式，迅速提高员工的能力与水平。

在成长激励的使用过程中，管理者必须要解决以下四个问题：

1. 谁学VS.谁教

谁的学习效果最好，这个问题的答案非常清楚，一定是意愿高、能力低的员工，（3，3）到（5，1）右下角的区域，例如新员工。学习意愿是学习效果的保证，能力不足经过短暂的学习，成效会特别明显，故而未来管理者看到自己团队当中右下角人数众多，事实上就不用太焦虑了，这个团队相对就要好带一些，至少团队人效上升的空间是巨大的，关键就在于管理者本人是否愿意花费时间和精力"耗"在他们身上。

谁教事实上还是比较难以选择的，由于很多培训、辅导和传承的工作都是基础的、乏味的、没有成就感的行为，又不会和绩效考核紧密相关，很多人是不愿意教的。团队中最优秀的（5，5）员工事实上是很多管理者的第一选择，然而实践证明，这些人要么太忙，要么不愿意总是如此重复地做这些基础性工作，我们还需要寻找别人。可能，仅仅是可能，你很快想到了能力较强的（1，5）员工。那么他们会不会服从管理者的指令去当这个"教员"呢？我们惊奇地发现，绝大多数的（1，5）员工还是会执行管理者的指令的，只不过如何把工作做好可能教的不多，组织中的问题、管理者的缺点、如何偷奸耍滑可能第一时间都传递给"新"员工了。说到这里，我们已经很明确成长激励的收益全体就是（3，3）到（5，1）右下角的员工，矛盾群体就是（2，4）到（1，5）左上角的区域，逻辑也很清晰，如果有更多的团队成员能力达到了4和5，这时候（1，5）员工在组织中的重要性和破坏力就会相应地下降。

那么谁教最合适？答案可以是（3，3）、（3，4）、（4，3）员工。一方面他们具备·定的能力和经验，另外一方面又有足够的意愿和服从力。当管理者"逼迫"着他们，将他们的方法和经验告知他人的时候，他们无形中又梳理和整合了自己的能力，反而更容易起到教学相长的结果。

2．学什么VS.教什么

"大学之道，在明明德，在亲民，在止于至善。知止而后有定，定而后能静，静而后能安，安而后能虑，虑而后能得。物有本末，事有终始，知所先后，则近道矣。"《大学》中告诉我们学习要有目标，要专注，要学会方法。

在韩愈《师说》中有这样一句话：师者，传道授业解惑。告诉我们教育培训三方面的内容：知识、技能和方法。三者结合与平衡对员工最有效，由于组织中员工都是成人培训，所以未来的教育和培训有一个趋势就是解答困惑排在首位，其次是给予方法、标准、技术和工艺，最后才是给予员工知识，毕竟今天大家获得知识的手段和渠道是丰富、广泛和多元的。

3．愿不愿意学VS.想不想教

愿不愿意学习？对成人而言为了调动他们学习的积极性，教学设计应该遵循四项法则：第一，参与法则：以学员为中心；第二，效果法则：以解决问题为导向；第三，练习法则：以多样化学习方式为载体；第四，联系法则：以系统性、针对性、专业性为工具。

想不想教则是考验组织的内训师的管理与培养。大部分内训师属于兼职性质，专业技术领域强，但在培训技巧上有欠缺，如在讲台上面对学员却不知道该如何分享。企业需要对内训师的成长有一定的耐心，需要舍得投入时间与精力，侧重表现为内训师的培养和提升以及激励。对大多数内训师来说，经济或物质的奖励是最有吸引力的。最普遍的如按照课程开发的数量、课程授课时长给予补贴，或是旅游、礼品奖励，列入公司优秀人才库，优先晋升晋级，重点培养。如将通过内训师资格审核作为某些关键岗位必备的任职资格，或是同等条件下竞聘同一岗位具备优先权。环境的刺激作用是不可忽视的：如领导带头组织发起培训，甚至带头兼任培训师；对入选内训师队伍的员工在内部OA系统、邮件、微信、宣传栏等内部文件中通告表彰；聚集内训师队伍探讨、聚会，从精神上给予关怀和鼓励；对积极加入内训师队伍的员工颁发聘书、总经理嘉奖信等，营造企业重视培训工作的氛围，让内训师受到鼓舞。对内训师队伍进行分级管理：按技能、资质、课程范围及难易程度进行分级设置，以级别定课酬。建立内部培训师考核机制：以课内学员反馈、课程开发和编排、内训效果为要素按权重进行考核，年底综合排名、考核结果影响内部培训师晋升晋级。

4．学得好不好VS.教得好不好

对培训效果进行评估分为四个层次：

（1）学员反应层次

（2）学员的学习层次

（3）学员行为变化层次

（4）学员结果层次

针对以上四个层次，可以采用的评估方式有：

（1）考试

这种方法可以即时反应学员掌握的基本知识与技能，可以有效地评估讲师的教学成果，以及学员对教学内容的真实掌握程度。知识类最好的验证方法就是考试、陈述、识别、区分、命名等。

（2）调查表

培训调查表可以从三个纬度来做：一是学员；二是培训师；三是培训管理者。

学员主要针对课程整体情况、课程内容设计、课程对学员的帮助、课程形式、课程的深度和广度、培训时间安排和课程的优缺点等进行评价，也对培训师的专业水平、授课技巧、仪表、对现场氛围的掌控、与学员的互动、对教学进度的把控等进行评价，还对培训组织管理者的培训准备工作、培训场地和设施、培训日程安排、培训组织者的表现等进行评价。

培训师主要针对课程内容、学员、培训管理工作、培训过程中发现的问题、培训效果的建议和对以后培训的建议进行调查。

培训管理者主要对学员的态度、能否跟上培训进度、学员的表现、学员对培训师的反应、培训师能否吸引学员注意力、培训师的风格和培训师与学员沟通情况进行评价。

（3）观察访谈

针对学员行为的转变进行评价，主要通过对学员行为的观察和对学员的同事及直接上级进行访谈，对学员行为是否转变、转变情况进行了解。

（4）数据分析

针对学员学习后工作结果的改变，要通过数据分析，比如：工作差错率的降低、业绩的提升等。

成长激励是打造中庸式最适合的管理方式。由于学习符合每个员工的成长诉求，所以成长激励对无为团队和高能力团队统统适用，因为其能力主要属于任务、结果导向；相反，人际、团队导向的家庭式、低意愿和分裂式团队使用效果会适度下降。

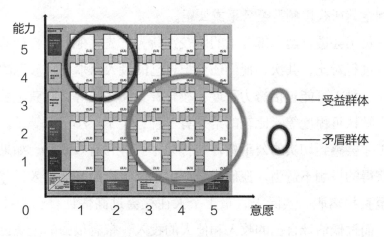

成长激励团队矛盾分析

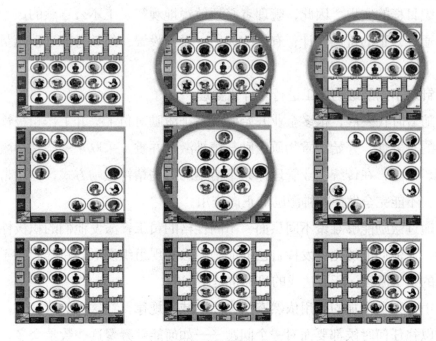

成长激励适用团队类型

第四种：公平理论下的差别激励

亚当斯发现，员工在自己因工作或做出成绩而取得报酬后，不仅关心所得到报酬的绝对量，还会通过自己相对于投入的报酬水平与相关他人的比较来判定其所获报酬是否公平或公正。

　　员工会进行两个维度上的比较判断。首先，他们把自己对工作的投入和收获进行对比；其次，他们还会把自己的投入获取与可参照的投入产出进行对比。投入可能包括努力程度、教育背景和经验等，收获主要包括报酬、福利、被认可程度等。比较的结果有三种：大于、小于或等于。只有等于时，员工才会感到切实的公平感，其行为才会得到有效激励。如果人们觉得他们所获得的报酬不适当，他们就会产生不满，进而降低投入、非法获取收益，甚至直接离职。实际上，员工个人往往会过高估计自己的投入和他人的收入，而过低估计自己的收入和他人的投入，带有很强的主观色彩。这种理论警示管理者，如果忽视员工心理上的不平衡，势必影响员工的绩效，从而影响组织目标的实现。因此，管理者必须敏锐地观察员工不公平感的产生和发展，通过公正的待遇设计、有效的沟通、目标设置、绩效考评来消除员工的不公平感。

针对不同层级的员工进行差异化管理

　　随着时代发展，很多企业开始明白精神激励对员工提升工作积极性与主动性的重要性，开始注重物质激励与精神激励并重，采取了一些精神激励的措施。但是，在传统企业管理体系下衍生的一些精神激励方式，往往带有局限性，不能完全发挥精神激励的正向作用。

　　通过激励能够凝聚不同层面、不同性格的员工，激发他们的积极性和主动性，让他们能够充分发挥自己的能力，去实现组织发展的目标。对于不同层级的员工激励，所要达成的目标也是不同的。

　　由于人员增加的效用依然遵从边际递减的规律，在这样的背景下，管理者比以往任何时候都要面对一个问题——如何能够凝聚这些数量众多，拥有不同背景、不同年龄层次、不同专业方向、不同层级、不同价值观的员工，让他们既可以积极主动地发挥自己的能力，又不偏离组织发展的主要目标，避免组织内耗。德鲁克认为："内部都是成本，外部才是效益。"对企业来说，降低成本也是解决发展的一条途径，不是只有外部效益才能给企业发展带来动力。

所有这些问题最终都归集到员工激励的方面。对管理者而言，激励所要考虑到的因素会更加复杂，并非单一激励要素就能够达到组织希望的目标。在这方面，各公司持续不断地进行探索，有一些经验和收获，也有问题和困难。

针对团队中的不同位置确定激励方向，分析团队的构成，做到有的放矢、对症下药。依据团队成员在整个架构中的不同位置来分类：普通员工、业务骨干、中层管理者、高级管理者。

1．对普通员工，激励的主要目标是让他们能够积极地专注于更好更快地完成手上的工作任务。考虑到这一层级的员工数量众多，情况复杂，激励还要尽可能地减少他们的不良行为。

2．对业务骨干，由于他们具有丰富的业务知识和技能，是非常重要的业务支柱，不仅具有解决工作中重点和难点问题的功能，还有传递知识和经验的职能。因此，对业务骨干，激励的目标是尽可能发挥他们的业务特长，同时也要初步挖掘他们培养人员的才能。

3．对中层管理者，由于他们是真正掌管公司运营节点的关键人物，因此激励的关键是要让他们能够跟公司的战略目标保持高度一致，为完成公司的发展目标而倾尽全力。这个群体的激励难度实际上最大，从概率上说，公司在这个阶段的人才流失的可能性最大，对公司的伤害也是最大的。这个群体的工作需要细致设置，定制化激励。

4．对高级管理者，跟其他层级有很大的不同。高层管理者有大量的决策和协调的工作，对公司战略目标的完成起着极其重要的作用。激励主要体现在如何让高管发挥自己的作用，为企业带来高绩效，带领企业不断向前发展。

来自低意愿、高能力员工的挑战

激励对不同的人具有不同的含义，对有的人来说，激励是一种动力；而对另一些人来说，激励是一种心理上的支持或者为自己树立起榜样。不同层次的人需求也不尽相同，如果管理者在实施激励措施的时候对所有员工都采用"一刀切"的激励方法和手段，管理效果会适得其反。

群体不同，层次性有所不同，不同人所追求的价值目标也不同，并且存在着很大差异。有效的激励必须建立在相同层次、同等价值观的基础上，通过对不同类型人的分析，找到群体的激励因素，有针对性地进行适当的激励，这样的激励才具有有效性。

现在我们面对的是低意愿、高能力的团队成员，准确地讲就是（3，3）到（1，5）左上角的区域。这部分团队成员通常都拥有丰富的经验或者出众的能力，与团队成员相对熟悉，工龄也相对较长，或者是拥有比较复杂的裙带关系。目前在工作中他们表现出相对负面、消极的状态，甚至是对抗的模式，不仅他们个人的绩效难以保证，还很容易使得团队绩效出现大幅度的起伏，对团队的其他成员也有很强的负面影响。

如果已经严重影响到组织目前的绩效和稳定，对管理者的你来说，你该怎么办？有人提出直接把他们开除好了，事实上，如果能简单开除也是一种方法。考虑到实际操作性，却是难上加难！一方面，他们往往能力不可替代或者拥有大量的资源，他们的流失对组织短期业绩会造成巨大的影响，甚至直接威胁管理者的职位安全；另一方面，刚性的管理举措往往需要制度的保证和高层的支持，会带来巨大的人际冲突，这都是中基层管理者所无法控制的。

于是在组织中，对低意愿、高能力的员工，管理学家分析是：我们既不能承受失去他们对业绩的损失或者他们带来的巨大破坏力，又很难满足他们的需求和要求，甚至我们即使像这样做，发现满足的难度大，兑现的结果依然不可控！所以管理学家给出的建议是把他们钉在原处，维持现有状态，等待时机成熟，我们再做后续的处理。

差别激励的矛盾分析

在这个难题面前，很多管理者可能一厢情愿地认为，只要有足够的意愿和情绪就能解决这些问题，而事实上管理行为的结果却是大相径庭。

差别激励的本质就是利用不同员工的需求不同而给不同的刺激，可以全面增加员工的工作积极性。管理者分层级、分层次，制造相对的公平感都是差别激励的形式，组织中常见的方法有职称分级、技术分级、管理分级等手段，让同样的岗位有不同的待遇，打通专业领域与管理者的晋升瓶颈，是组织中务实与效能的调节器。

差别激励的受益群体我们很明确就是（3，3）到（1，5）左上角的群体，有人开心，自然就有人不开心，这一次是（4，2）到（5，1）右下角的员工。通过差别激励，我们要安抚和稳住（1，5）员工，而这种感受往往是对比产生的，于是我们自然要让（5，1）员工稍微受一点委屈了。

在职称定级当中，职称设定要有阶梯性，既要符合国家规范，又能体现员工能力的差异性，分级要考虑提升空间；职称定级过程中要与固定薪金和浮动绩效相结合；职称定级与职务、年限、人际等都有一定的相关性，不能一开始就定过高层级，等等，我们的目的就是让大家有足够长的通道和路径，在本职工作岗位上做出成绩。

在职称晋升的过程中，我们要考虑到老员工的年限；同时要关注技术型专家的特长；建立内部"师父"带"徒弟"的机制，确保核心技术和人才的储备与传承；还要保证职级的弹性，能上能下的机制与标准。

具体到操作环节，职称定级本身就是利用差别对待不同的人，给老员工、能力强的员工、意愿好的员工有更多的资源和尊重，给新员工、业绩差的员工、意愿差的员工有一点压力，进而形成正向、良性的竞争氛围。

职称定级的五个核心问题：

1. 为什么要职称定级？一定是（1，5）员工有问题，如离职率过高；工作偏差对组织业绩有巨大影响；个体破坏力巨大等。为了稳定和降低破坏，我们就要给（1，5）员工适度的关怀与尊重。

2. 职称定级的前提？不是每一个工种都有机会采用职称定级的方法，必须是单一工种人数众多，技术有难度、有差别才容易分级。

3. 职称定级层级设定的因素？与员工离职率相关，员工工作稳定性越高，层级划分就应该越多，有足够提升空间和详细的制度和标准。

4．职称定级的原则？

（1）刚性的标准

（2）普适的公式

（3）管理与技术的交叉

5．职称考核的原则？

（1）初级、中级刚性升迁

（2）高级职称柔性评定

（3）职称降级标准明确

（4）定期公布与考核

（5）职称的升级应该与行为过程结合

差别激励是打造家庭团队最适合的管理方式，通过人际和对比等管理方法将整体团队以意愿为基准向中间压迫，尤其是左上角的受益群体会阶段性地稳定，按照对应的原则，右下角的（5，1）员工受到部分伤害，意愿略微降低，也在向零动机靠拢。差别激励对无为团队同样适用，放在高意愿团队中会降低组织绩效，增强团队稳定性。

差别激励事实上给管理者开启了一扇窗，对（1，5）员工激励或者激将都是有效的，具体还需要结合团队的实际情况做出选择。当然公平是相对的，不是每一次都要平均分配，这样会抹杀老员工、高能力员工的付出与奉献；当然也不是每一次都要差异分配，我们必须给新员工、意愿强的员工公平的参与和投入，这样你的团队才更容易控制、约束、激励和成长，才会更容易完成组织任务。

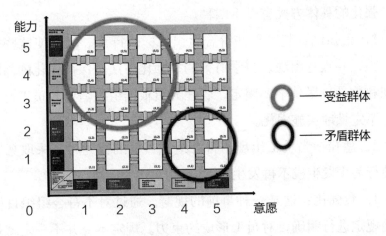

差别激励团队矛盾分析

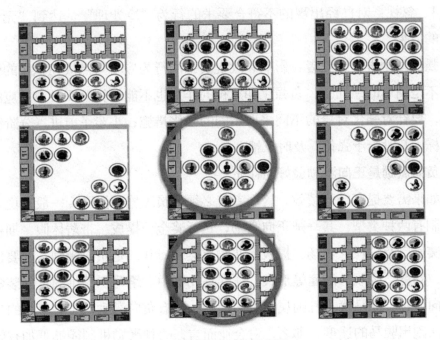

差别激励适用团队类型

第五种：强化理论下的负向激励

美国心理学家斯金纳认为，人的行为是对其所获刺激的反应，当刺激对他是有利的，他的行为就会重复出现；若刺激对他不利，他的行为就可能减弱。强化的具体方式有以下四种。

1．正强化：奖励那些符合组织目标的行为，以便使这些行为得以进一步加强，并重复出现。科学有效的正强化方法是保持强化的间断性，强化的时间和数量也尽量不要固定，管理人员根据组织需要和员工行为状况，不定期、不定量地实施强化。

2．惩罚：当员工出现不符合组织目标的行为时，采取惩罚的办法可以迫使行为少发生或不再发生。

3．负强化：这是一种事前的规避。通过对不符合组织目标的行为及其处罚规定进行明确，对员工形成约束力。规定本身并不一定就是负强化，只有当其使员工对自己的行为形成约束即"规避"作用时，才成为负强化。

4．忽视：对已经出现的不符合要求的行为"冷处理"，达到"无为而治"的效果。

强化理论告诉管理者：影响和改变员工的行为应将重点放在积极的强化上而不是简单的惩罚上，负强化和忽视的作用也不能轻视；四种方式应配合使用，要针对强化对象的不同采取不同的强化措施；小步子前进，分阶段设立目标，及时给予强化；及时反馈。

负向激励是正向激励最好的补充

如果需要提高经营绩效，管理者就必须对员工施加激励。一般来说，激励机制有两种类型：其一是正向激励，包括奖金、提成、带薪休假、期权等物质奖励以及信任、表扬、提拔等非物质奖励；其二是负向激励，主要包括批评、罚款、降职、解雇等形式。在赛马比赛中，给马匹提供的良好装备属于正向激励，而马鞭击打则属于负向激励。没有负向激励，装备再好的马匹也无法跑出骏马的速度。那么，对企业而言，哪种激励机制能够更加有效地激励员工呢？

我们根据一个考勤例子来进行分析。为了督促员工正常上下班，企业通常会设计专门的激励机制。其中，正向激励一般是提供全勤奖，而负向激励通常是扣除奖金。为了比较，这里假设组织考虑下面简单形式的激励方式：

正向激励：月基本工资为5000元，并对考勤合格的员工奖励1000元；

负向激励：月基本工资为6000元，并对考勤不合格的员工处罚金1000元。

在上述两种激励机制下，满勤时的月收入为6000元，而存在缺勤时的月收入为5000元。从表面上来看，组织采取哪种激励机制对员工来说似乎并没有什么区别，并且组织需要支付给某个员工的工资总额也是一样的。但实际上，负向激励的倾向可能会使员工有完全不同的态度。在负向激励下，员工的工资参照点是每月6000元（禀赋效应发挥作用），缺勤意味着其遭受每月1000元的损失；而在正向激励下，员工的工资参照点为每月5000元，满勤时他可以多得到每月1000元的收益。

对缺勤员工而言，在负向激励下损失1000元会带来更大的痛苦。于是，负向激励机制更能激励大部分员工按时上下班，这是因为：相比于正向激励下少获得的收益，他们更加厌恶负向激励下遭受的损失。在负向激励下企业以同样的预期成本可能能够达到更好的效果。

除此之外，与正向激励相比，负向激励还具有以下好处：

第一，更能激励企业员工积极发挥主动性。假设企业给期望达到的结果支付最高薪酬，这时正负两种激励机制对员工来说有不同的效果：在正向激励中，员工越接近最好结果意味着收益增加越多；而在负向激励下，员工越接近最好结果意味着损失越少。相比于收益增加部分的减少，大部分员工更加难以接受损失部分的增加。因此，在负向激励下员工更愿意追求最好结果。同时，员工会更有动力发挥自己的聪明才智和主观能动性，以减少损失或者避免遭受更大的损失，并且会更加重视负向激励下能够获得的最高收益。

第二，更能促进企业内部员工之间的竞争。如果企业提供完全标准化的薪酬待遇，则员工之间将不会存在竞争，甚至会竞相采取搭便车行为。因此，必须提供差异化的薪酬，通过影响员工的参照点来激发他们增加努力投入、参与内部竞争。在负向激励机制下，员工所设置的参照点通常会高于正向激励机制下的参照点。因此，与正向激励相比，在负向激励机制下同样的薪酬差异所产生的竞争激励会因为损失厌恶倾向而加大，因而更能够激发员工之间的竞争。

第三，更有助于减少企业员工的败德行为。在考勤例子中，我们已经看到负向激励比正向激励在减少员工缺勤方面更加有效。在正向激励中，员工采取败德行为可能只是减少收益的增量。相反，在负向激励中，败德行为会直接导致员工遭受损失。于是，在负向激励下员工更加难以"接受"自己的败德行为，因为由此遭受的损失可能会远大于得到的收益。因此，在同样的激励程度下，负向激励机制能够更有效地限制员工的失德行为。当机制设计合理时，员工甚至会自发成为自己的监督者。

在同等程度或者相同成本下，负向激励比正向激励更加有效。这是因为，损失厌恶倾向能够放大企业激励机制的刺激作用，并且员工会因为厌恶损失而主动对自己施加约束和激励。同时，在管理中负向激励比正向激励更有必要性。正如赛马例子中所说，没有马鞭的鞭策，装备再好的马匹也不会成为骏马。缺少负向激励，正向激励很难有效发挥作用，尤其是限制员工的败德行为。因此，在需要确保安全生产等场合中，负向激励的效率优势会更加明显。

如果只能使用正、负两种激励机制中的一种，那么负向激励对企业管理者而言无疑是最优选择。而事实上，正向激励和负向激励在企业管理中往往会同时存在，这是因为：光有负向激励的约束和威慑作用，而没有正向激励的鼓励作用，将不利于企业内部团队有效发挥其执行力，从而实现"一加一大于二"的理想结果。也就是说，企业有机配合使用负向激励和正向激励更加容易实现激励机制的预期目标。

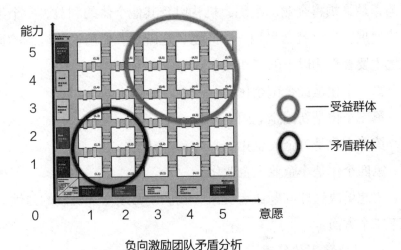

负向激励团队矛盾分析

负向激励适用团队类型

组织必须拥有淘汰机制

当薪酬或回报完全确定时，人们通常只会做好本职工作而不会追求尽善尽美。部分人甚至会出现偷工减料、阳奉阴违、怠惰因循、中饱私囊等败德行为，最终损害企业、组织、机构以及其他个体的利益。一个组织伴随着自身的发展，慢慢就会累积一些问题，这就是我们所说的机制的退化。机制的退化主要表现为以下的"四化"：

第一个化是民企国企化；

第二个化是新国企老国企化；

第三个化是外企民企化；

第四个化是小企业大企业化。

要想解决这些问题或者现象，我们就必须增加机制的弹性，主要表现在以下三个方面：

1. 能上能下的管理晋升机制

"彼得原理"让我们意识到很多时候管理者会处于"夹心阶层"的位置，这里的"夹心阶层"指的是那些既没有实践经验，又不理解企业文化，还要把他们安置在较高职位上的人员。"夹心阶层"的存在必然会形成不良文化，这种文化最后将导致公司失败。没有一个很好的干部队伍，一个企业肯定会死亡。干部能上能下一定要成为永恒的制度，成为公司的优良传统。

不能坐下来讨论干部队伍建设问题，应该在实战中调整，不合适的就要下去，包括对所有的高级干部，都不应该姑息养奸，大树底下并不好乘凉。整改干部队伍的目的，是要公司活下去。要想活下去，只有让那些阻碍公司发展的人下去，或者说把那些不利于发展的作风彻底消灭，公司才能得以生存。公司一定要铲除沉淀层、铲除落后层、铲除不负责任的人，一定要整饬吏治。干部管理不是终身制，要能上能下。

2. 适者生存的能力培养机制

组织要把确有作为的、确有能力的、确有想法的人放在合适的管理岗位上来，不管他的资历深浅。对那些有希望的干部转入培训，以便能担负起更大的重任。

所有部门都要在快速发展中调整、巩固、充实、提高。所有的调整都要围绕做实。要把有强烈责任心、使命感，敢于负责，踏实努力，维护公司利益，善于团结同事的干部提上来。把得过且过、不懂原则、钻空子、不做实的干部撤下去，这是动真格的，坚决贯彻淘汰机制。只有把土夯实了，才能大发展。对一切希望进步的员工，组织要为他们创造一切机会。

3．末位淘汰的组织考核机制

末位淘汰最早来源于西点军校，它的目的是用来挤压队伍，激活组织，鼓励先进，鞭策后进，形成选拔领袖的一种方式。

组织要坚持以有效增长、利润、现金流、提高人均效益为起点的考核，凡不能达到公司人均效益提升改进平均线以上的，从员工至各级管理者，要进行问责。

不合格的末位清理绝不能只停留在口头层面，组织必须建立机制打破平均主义、人际关系、稳定思想的禁锢，人力资源、考核机构应该在机制、方法、补偿等方面落实到具体操作上。

不合格人员末位淘汰要形成制度和量化的方法，立足于绩效，用数据说话。面向未来，要逐步把不合格干部清理和员工末位淘汰工作融入日常绩效管理工作体系中，以形成一体化的工作模式，而不是独立开展的工作。

真正绝对的公平是没有的，是金子总会发光，在努力者面前，机会总是均等的，只要你不懈地努力，你的主管会了解你的。要经得起委屈、耐得住寂寞，太阳总会升起，哪怕暂时还在地平线下。

事实上，在组织内部保持适度紧张感和压力，是可以提高组织绩效的。在组织中推行负向激励通常会受到极大的压力，主要来源于那些意愿低、能力差（1，1）到（2，2）左下角的员工，他们通常会制造极端矛盾。站在团队和组织的角度，管理者必须做好十足的准备，找准矛盾对象，做好应急方案，这样才能让组织永葆活力。

第六种：综合激励理论下的目标激励

波特和劳勒这两位管理学家扩展了基本期望理论的模型来探求影响员工

工作绩效和满意的因素。满意与其说是工作绩效的原因，不如说是工作绩效的结果，也就是说工作绩效能使人感到满意。不同的绩效决定不同的报酬，然后不同的奖酬又在员工中产生不同的满意程度，从而以非传统的方式来确定激励、满足和绩效这三个概念间的关系。其流程如下所述：

1. 奖酬的价值。奖酬的价值类似于效仿的尺度，也就是说每个人都希望从工作中得到数量不等的各种奖酬——同事们的友谊、晋升、因业绩而增加工资、成就感等。它反映的是个人需求的满足程度，一个饥饿的人（有生理需求）会比一个刚吃饱的人认为食物更有价值。

2. 感知的努力与奖酬的关系。是指一个人希望所付出的一定数量的能力和其所能导致的一定数量的奖酬之间的关系。努力是指一个人在某种情况下花费一定数量的精力，也就是说这个人是如何尽力而为的，而不是完成任务的成功程度。根据波特和劳勒的观点，努力或者激励并不直接影响绩效，而要经过个人能力及对自己任务认识的调节影响绩效。能力和品质的影响指诸如人的智力、技巧和个性品质等个人特点，这些都影响完成任务的能力，与对任务的态度相关。如果管理人员能向上级证明自己精通业务，那么他提高自己专业能力的努力就不会浪费；如果公司的高层管理人员认为提拔下属的主要标准是有丰富的行政管理能力，那么努力提高专业技术的管理人员所从事的活动就不会导致晋升。

3. 绩效与奖酬。将奖酬的效价和对努力与奖酬间关系的感知结合起来，　就产生了对绩效的期望。绩效在付出努力（激励）之后才产生。绩效不仅取决于人们努力的大小，还取决于他们的能力以及对任务的认识。或者说，员工即便非常努力，可能因为能力有限或者对在组织中取得成功的必要方法估计失误，最终取得的绩效很低。希望获得的成果就是奖酬。波特和劳勒在取得绩效后对员工的奖酬划分为外在和内在奖酬两部分。外在奖酬包括上下级关系、工作条件、薪金、地位、工作保证以及额外的福利等这些与工作有关的奖酬，是组织给予的；内在奖酬包括成就感、因工作成功的自我认可、工作本身、责任和个人成长等。实验证明，内在和外在的奖酬都是人们希望得到的。也有实验表明，内在奖酬比外在奖酬产生较高工作满意的可能性要大得多。

4．感觉到公平奖酬与满意。人们认为某种水平的绩效应得的奖酬数量就是他们感觉到的公平奖酬。大多数职业都没有明文规定按照要求的标准完成任务的人应得的奖酬数量。关于奖酬的观念建立在个人对工作要求的感受、工作对个人的要求以及个人对公司所作贡献的基础上，实质上这些观念反映了个人认为某一特定工作取得优秀绩效后理应获得的公平奖酬。

同时，员工的满意是一种态度、一种个人的内心状态。当人们认为应得的奖酬超过实际得到的奖酬时，就会产生不满意感。满意由于两个原因而变得重要：第一，如波特—劳勒的综合激励模型所表示的那样，满意只是部分地取决于实际获得的奖酬；第二，满意对绩效的依赖高于绩效对满意的依赖，满意只有通过反馈的回路（回到奖酬的效仿）才能影响绩效。

波特—劳勒模型对管理具有重要的启示意义。管理者应找出每位员工认为什么成果有价值。管理者必须明白的一点是人们想要的成果是会变化的，有效率的管理人员能够正确地判断这些变化，而不认为所有员工都是相似的。

管理者必须决定什么是他们要员工做出的绩效，以及让员工确信这样的绩效目标可以达到。为了激励他人，管理者必须决定他们要求什么样的绩效。他们必须明确什么是"优秀绩效"和"适当绩效"，使之具有可见性和衡量性，以便下属能够明白管理人员希望他们做什么。同时，管理者应通过细致的沟通工作，使员工确信要求他们达到的绩效水平是可以达到的。企业设置的绩效水平必须在个人认为他们可能达到的范围内，如果员工认为要获得奖酬的必要绩效超过他们可能达到的水平，那么他们的工作激励强度就会很低。

管理者必须把员工希望得到的成果和管理者所希望的特定绩效直接联系起来。如果员工已经达到期望的绩效水平，并且他期望获得晋升，那么管理者应尽力让他得到晋升，让员工清楚地知道这样的案例。如果产生了高的激励，奖酬过程也应在一个相当短的时间内起作用，这一点是极其重要的。只有当员工明白了两者的关系，他们才会受到激励。管理者经常会误解下属的行为，因为他们倾向于依赖自己对环境的感觉，而忘记下属的感觉。

管理者应弄清楚多大的成果或奖酬方面的变化足够激励那些有效的行为。不重要的奖酬只能引起最低程度的努力，而且随之仅有很少的绩效产生。奖酬必须大得足够激励个人竭尽全力以使绩效产生显著的变化。

目标管理的内在逻辑

管理学大师德鲁克对目标管理的阐释为："所谓目标管理，就是管理目标，也就是依据目标进行的管理。"目标管理是一种为了使管理能够真正达到预期效果并实现企业目标而在企业管理过程中采用的以自我控制为主导思想、以结果为导向的过程激励管理方法。德鲁克认为，"管理就是制定目标，目标管理是一种战略性导向。"目标应该从"我们的事业是什么？我们的事业将是什么？我们的事业应该是什么？"这三个基本问题的答案中得出。企业的目标是企业最根本的策略，它既是借以实现企业使命的一种投入，也是一种用以衡量工作绩效的标准。管理的真正含义就在于设定目标，以此来决定管理者做的是什么样的事情，它应该是什么样，以及如何才能实现这一标准，即把目标作为管理的核心，把管理作为围绕目标决策的一种实践。目标是行动（任务）的先导，而不是行动（任务）的一部分，制定"目标"有相当的风险。

德鲁克认为企业必须有多种目标而不是唯一的目标。在影响企业生存的八个关键领域中，一般都需要设立目标：市场营销、创新、人力资源、资本资源、物质资源、生产率、社会责任和利润要求。每一种目标都为企业的生存与发展作出了各自的贡献。企业的多种目标形成了相互联系、相互制约的目标系统，只追求单一的目标往往是有害的，甚至会误入歧途。由于组织的目标管理体系具有系统性和复杂性，因此多元化目标之间的协调和匹配就显得十分重要。这就要求在各种各样的需求和目标之间进行权衡，按照目标的紧要程度排序，选择和区分主要目标与支持性目标，通过目标把人员、资金和物资设备等重要资源集中起来，用在组织最需要的地方，促成组织目标的实现。德鲁克强调，利润不是一项目标，而是企业战略、企业需要和企业风险等客观因素决定的一种必要条件，也是经营的结果和回报。

目标管理并不是一个简单的问题，执行能力的强弱直接关系着企业最终目标的实现，关系着企业在市场上的竞争力以及外在形象，甚至是企业的兴衰成败……可以说，目标管理承载了很多内容，执行能力决定着企业的竞争力。

目标管理是要教人如何完成任务的学问，是一整套非常具体的行为和技术，能帮助公司在任何情况下得以建立和维系自身的竞争优势。目标管理最终的目的是希望培养人们养成一种新的实践习惯，塑造全新的思考方式。

对每一个管理者来说，学会目标管理将帮助你选择一个更强而有力的目标，事实上，如果无法确保自己的组织有足够的能力——包括适当的资源和人力——来执行计划的话，你根本无法制定出一份行得通的计划。计划可以为你定下一切活动的基调。它使得你能够对自己所在的行业发生的一切了如指掌。它是最好的变革和过渡手段——比文学、哲学都要好。

执行并不是一门高深的学问，它非常直接，但前提是作为管理人员的你必须积极地参与到每一件日常运营的事务当中，并诚实客观地对待周围的一切。

任何一个管理者都需要掌握和领会目标管理的学问，这样才能帮助你理解如何去执行、如何去沟通、如何找方法、如何去应变——这将成为组织的一个竞争优势，并为个人和组织带来实际的收益。

目标管理的原则就是让个人充分发挥特长，确定共同的愿景和一致的努力方向，实行团队合作，调和个人的目标并实现共同的福祉。一方面，目标管理强调管理的目标导向。每个管理人员必须以整个企业的成功为工作中心。管理人员预期取得的成就必须与企业成就的目标相一致。他们的成果由他们对企业成就所作的贡献来衡量。另一方面，目标管理要强调内部控制，即管理中的管理者自我控制。真正的目标管理就是自我管理。目标管理的内在逻辑是：目标→责任→（自我）控制→成就。

管理者是推动目标管理的核心

"是什么将个人的力量和责任心与组织的绩效联系在一起？"德鲁克认为，"只有共同目标"。共同目标是组织与个人、人性理想和公司现实之间寻求协调与平衡的一个立足点，它增强了组织存在的必然性和合法性。"一个正式的组织必须有一个共同的目标。在组织中必须使每个成员能够看到实现组织目标的意义，能够使个人得到什么满足，这样才有可能实现个人与组织之间的协作。"组织成员协作意愿的强弱在很大程度上取决于组织成员接受和理解组织目标的程度。组织目标与个人目标要相互协调，避免二者相互背离。

如果组织目标仅仅只是体现了组织自身的利益，那么目标管理就成为一个与员工毫无关联的"组织自身的问题"。组织目标与个人目标的相互协调和统一正是目标激励的基础，也是实现目标管理的关键和核心。目标管理本质上是一种谋求组织目标与个性发展相和谐的智慧和艺术。成也萧何，败也萧何！中基层管理者要想推动组织走出无为团队的困境，就必须发挥出自己的价值与作用。

1. 责任意识是目标管理的起点

管理者没有责任感，目标管理就无从谈起。管理者的责任意味着他愿意对工作承担责任，并从完成具有挑战性的业绩目标中获得成就感或满意感。责任是对绩效的一种承诺，对管理者而言，他必须担负起提高效率的责任，因此，其首要的工作是明白自己的"任务是什么"。这就是基于"责任心"的目标设定。

中基层管理者在工作中，会受到各种诱惑或者挤压，以至于他们更希望得到领导者的支持或者协助，而不是直接面对下属或者矛盾。有的时候是不愿意面对冲突，有的时候确实是缺少激励，有的时候是风险和惩戒，部分工作中的现象或者偶尔的伤害，让中基层管理则更愿意退到下属和高层领导者的背后进行观望。

这时候一个"有责任心的管理者"是多么重要！管理者必须意识到你的责任要大于员工的责任，还不能依赖高层的支持。一个"有责任心的管理者"不仅对具体结果负责，他也有权为产生这些结果采取一切必需的行动。他尽力去取得这些结果，并把它看作是个人的成就。以忘我的工作热情，自我指导和自我控制自己的行为和表现，从而作出贡献。

2．弹性目标是目标管理的难点

管理者要把目标作为计划和行动的先导，而不是行动的一部分，并把目标作为管理的核心。目标与计划的根本区别就在于，目标是计划的前导，目标具有激励性，而计划则没有。目标管理的本质就是为了实现组织目标而设计的一种激励机制和管理手段，目标管理的本心正在于通过目标去激励员工提高工作效率并取得成就，从而实现组织的目标。

工作中绝大多数的目标不是为了结果考核，而是正确的行为和可控的过程，这些才是中基层管理者与员工最容易达成共识的部分。这些目标需要中基层管理者与员工进行协商，针对个人或者组织存在的问题采取行动、措施或方法加以改善。

由于专业度的限制，很多目标都是柔性的、隐性的、阶段性的，这与我们组织目标的SMART原则还是有一定的距离，而这些目标不容易被第三方验证，却是中基层管理者管理的主要方式。如果我们总是沉迷于组织的监督或者表面的和谐，就只会更愿意维持现状，而不是努力做出改变。

3．工作方法是目标管理的载体

工作方法让人们建立起协作关系，并使个人的目标与组织的结果相互协调。只有将个人需求融入了组织利益，用现实可行、可操作、可实践的方法把员工的责任充分调动起来，进而通过人与人之间的协作、人与人之间的体谅，这些"有机协作"实现了组织的"企业文化"，同时也体现了组织有"社会价值"。

4. 信息反馈是目标管理的要求

在目标的制定、实施和评价过程中，信息的反馈和分析是非常必要的，它可以增加实现目标的可能性。对所取得的绩效进行适时的自我评价以及对所设定的目标进行动态调整，都必须基于有效的信息反馈。因此，每个参与者都应该获得他们为考核自己的绩效所需的信息。而且，信息必须传递给有关参与者本人，而不是他的上级。

中基层管理者恰恰是信息反馈系统中最重要的环节，管理者要根据内部、外部的影响对目标进行动态调整，以适应变化的要求。为了取得管理绩效，必须为每一个参与者提供有效的考核和评价信息，有关信息应该成为自律的手段，而不是上级控制下级的手段。

目标激励的矛盾分析

目标管理将科学管理和人本管理艺术地结合在一起，既注重了"对人的关怀"，同时也提高了工作的效率。在此我们引用了一组调查数据：对400名领导者的调查结果表明，战略执行在他们所列的80个重要事项中位列榜首。

在无为团队当中虽然也有业绩相对稳定、有一定的执行力、团队内部矛盾可控等优势，但必须要面对业绩下降的趋势，团队成员能力不足、差异较大的现实，当然还有制度、流程、安全等管理处于相对较低的水平，市场化相对较差，员工的积极性相对较低，人际关系复杂等一系列的矛盾。如果长久采用这种平均主义、大锅饭就会造成一些不好的团队文化，伤害能力最强的人或群体，伤害意愿最好的人或群体，团队就会持续向左向下移动。

在无为团队中，我们听到最多的就是变革，从上到下的呼喊，有意思的是一旦真正实施起来，最激烈对抗的又是（3，3）员工，害怕自己的利益得不到保证、失去了安全港，等等。

在这种情况下，我们必须明确我们的目标，制定一个真正被大家接受的战略。然而，令人遗憾的是，很多组织并没有一个真正的战略。很多时候绩效考核的目标只是将岗位职责的内容简单做了一个量化的形式，这样的目标管理是不可能真正起到作用的。

绩效目标应该是自下而上与自上而下两种形式并存，避免所有考核都是自上而下制定。这会阻碍下属创造力的发挥，本质上大大降低了在组织内绩效目标的挑战性。

管理者必须避免目标设定的条数过多，当把我们想到的每一个度量项都加进去之后，员工会失去重心和注意力。这很显然违背了目标完成的初衷。目标管理强调把精力聚焦在能决定成败的少数几个关键指标上。

管理者同样要避免目标设定的质量模糊，对结果定义得不清楚，难以理解和采取行动。

一线员工通常离公司高层战略太远，所以公司的绩效指标如果只提供少量指导，是不足以对他们的日常工作产生牵引作用的。实证研究和经验表明，大多数人都想有所作为，希望为组织使命中的伟大目标贡献力量。分解和细化指标能释放员工的创造力，让其可以充分利用取之不尽、用之不竭的脑力资源。

目标管理的收益群体就是以（3，3）为核心的人员，如果不采用目标管理会打击伤害能力和意愿最强的人员。

目标激励的本质是希望将团队从无为团队直接推进到高能力团队状态当中，管理者是核心，弹性目标的设定是难点，工作方法和资源是载体，管理者应力争利用团队成员的参与度，推动团队向高绩效团队前进。

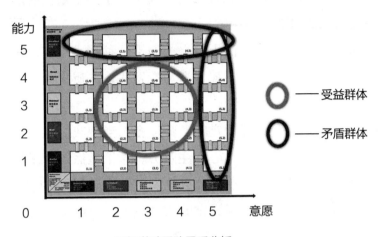

目标激励团队矛盾分析

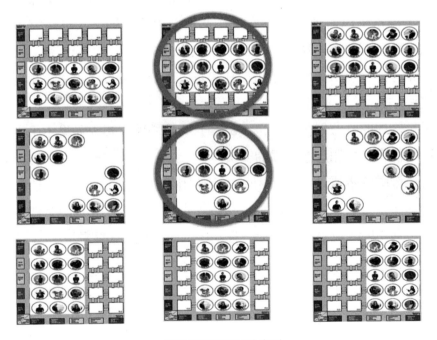

目标激励适用团队类型

■ 高效团队管理的四大核心法则

很多团队的失败，很多事无法再继续下去，原因其实都是在人上。无论是一个国家、一个民族、一个企业还是一个团队，想要有所成就，跟什么样的人共事是很关键的，因此，我们要和志同道合的人一起。

有的人只喜欢获取，而不愿意奉献，你可曾想过，当你只知获取而不知奉献时，你获取的数量也会不断减少，当人把自己局限在利己的圈子里时，你的选择范围会变小、能力范围会变小，甚至你的人脉范围会变得更小。

我们不能总是期望在别人身上获取多少价值，真正的价值，是人与人交流之后，思想的相互碰撞，是相互给予、是向外延展的火花。

管理者要意识到，在团队中你要懂得别人的世界、别人的动作以及你个人的动作对别人意味着什么，你在过手的时候，有没有在自己的行为里考虑过别人？任何一个创业公司都不是你一个人的事情，无论是对投资人还是合伙人，哪怕你只有一个员工，你都不是一个人。

除了眼界、格局、能力、胸怀以外，在每一个与别人交往和交集的动作中，真正的管理核心是什么?真正的行为准则是什么？管理者应该在内心中把这些规则界定清楚。无论是与社会相处还是与合伙人相处，前提都是规定动作。规定动作是什么?规定动作是你在公司的治理，在与合伙人的合作上从一开始就要讲清规则，这是最基本的前提。

在团队中，你是不是懂规则、对规则的理解是不是到位显得尤为重要。对规则的制定，应该全部由大家共同来完成，把问题放在桌面讨论。没有经过讨论的规则是没有依据的，也是没有可执行性的。

无论是一个企业还是一个创业人，懂规则、讲规则，永远是第一位的。一个不懂规则的人，是没有合作可言的；一个不懂规则的人，也是没有成功可言的。

　　管理者往往都很自信，甚至有些自负，他们拥有丰富的经验，主要基于过往经验进行管理，没有系统的管理思维。因此，容易固守原有的管理模式，墨守成规，不愿意尝试创新与改变。在现代企业的管理中，希望管理者能够拓宽思路，突破自我认知，去主动挑战，建立一套管理方法论和逻辑，同时学习激发新时代员工的方式，以便日后能够适应新的管理情境。

高效团队管理的第一大核心原则：简化管理

　　学会问这样的问题——"目前团队的管理强度是大了还是小了？我们的管理行为数量是多了还是少了？我们的管理思路是清晰的还是模糊的？"

　　这种困惑很普遍。当你听到有人感情用事地做了可能会扰乱工作的陈述时，可以问问大家谁还有类似的感觉。管理者是不是在"瞎管"。没有管理万万不行，没有规矩不成方圆。但很多时候，过度管理会让员工陷入迷茫的状态。

　　团队成员："我很失望，我实在无法琢磨清楚管理者的意图，昨天让我们要提高能力，加强单兵作战的能力，今天就要求我们要学会团队配合。管理者自己有没有想明白，他到底想要我们怎么做？一天一样，一会儿一样，想起一出是一出！"

　　大家有可能会内心矛盾或者听一套做一套，依然按照原有的方式继续工作。无论哪种情况，团队的游离现象在这时就出现了。管理者的初衷和对工作的重视只能停留在语言上和思想上，很难对实际的工作结果带来更多正面的影响。

　　领导者："还有谁对接下来的工作有疑问吗？或者有其他的想法？"

　　即使所有人当场都表示赞同，也不代表所有人都会按照管理者的指令去工作。不管怎样，有时候管理者会忽略这个问题：提出一个解决方法没有回应，就像是空气中的烟雾通常只留下些零零散散的感觉。只有当管理者的方法得到了近乎所有人的同意，而且发自内心的认同之后，团队才会有真正的执行力。

所以，管理行为不在于多，很多时候在于简化，适度的、有限的、聚焦的管理行为就是最合适的管理行为。

停下来思考一下，环顾四周，对管理而言，任何一个管理行为都是有成本的，沟通成本、时间成本、执行成本都是管理成本。

管理行为本身在于精、在于有效、在于执行。

高效团队管理的第二大核心原则：明确目标

关于管理，东西方的理解是有区别的：西方管理讲要就是要、不要就是不要，对错往往是鲜明的；中国管理讲合理不合理、适合不适合的问题。

对中国式的管理而言，所有东西好里面一定有不好的东西，不好的里面也总有一点点好的，不可能完全不好。天底下没有绝对的好，也没有绝对的不好。

管理的目的其实不是单一的，很多时候管理者并不清楚自己的核心目的，这是很可怕的。中国式管理者很多时候想要的是综合的目标：既想要结果，又想要士气，还想让员工都喜欢自己。这就很容易造成顾此失彼的状态，或者南辕北辙的效果。

组织是要追求价值的，提高和创造收益是组织经营的核心指标，在此称之为业绩指标。考验一个管理者是否胜任管理岗位很重要的就是能否完成组织交给他的任务，这里的任务往往是显性指标、刚性指标、量化指标。这不仅是SMART原则的问题，更多的是制度、流程、执行、奖罚等管理方式的运用，目的就是追求管理结果的迅速提升。

管理者有时也会思考如何调动员工的积极性，如何培养员工良好的工作状态，提升组织氛围，这就是我们通常所说的团队士气。如果一个团队士气很高涨，即团队处于一种敢打求胜的乐观积极心态，团队成员期待建功立业的机会，也相信自己能够和团队一起取得胜利。要想团队有士气，首先团队成员对未来要有希望、有信心，有值得追求的、有意义的、有价值的共同目标，团队和成员相信有能力和资源，通过共同努力，能够达成目标。最后，团队成员必须能够接受团队的管理方式、管理强度、管理收益，进而让团队多数人相信一切都是最合适的管理行为。

对组织而言，上述的两个指标——团队业绩和团队士气都是显性指标。事实上，还有管理者自身的管理目的，就是改善关系，也可以称为安人，我们在这里把它称为团队人际。只要你的团体里面有任何人不安，这个人一定会给你捣蛋。有很多人跟我讲，有些人天生喜欢打小报告，但我不认为这样：人一安下来，他就不会喜欢打小报告；他不安的时候，就开始打小报告。团队需要稳定，管理者需要下属的支持，这种支持不仅是工作上的支持，同时也是情感上的支持。这不仅需要管理者的沟通能力、个人品格、管理方式，还需要管理者对下属的尊重和关怀，建立双方的信任和工作默契。团队人际的目的是建立人际关系，其本质是复制人、复制情绪、复制模式。

凡是在组织里跟你捣蛋，有些乱七八糟行为的人，你从他"不安"这个角度去看他，你会看得很准。一个人一"安"下来，他自自然然就一切表现得很好。你会发现，工作很忙的人是没有时间捣蛋的，他要专心工作，哪里会去捣蛋！人就是太闲了，闲得没有事做他就开始捣蛋了。

人很扎实的时候，心里很踏实，不会有太多花样，也不需要那么多花样。我觉得孔子是很了不起的，他老问你安不安。"安"这个字，我们通常把它叫作安顿，就是把人安顿好。

我们跟西方不一样，一个人来了，我们一定会问他家庭的状况，我们要帮助他把家安顿好，不只是他一个人。先把他生活方面安定下来，然后再带他到单位里去，我们不会很急着让他工作，要让他跟大家打打交道，彼此熟悉熟悉。

现在我也劝各位，不要一上班就让大家开始工作，那么紧张干什么？我看到有一些公司很人性，八点钟上班，他会叫你八点半以后才开始工作，那半个小时彼此寒暄一下，然后把环境整理整理，把情绪稳定了，看起来是浪费掉半个小时，实际上后面的工作效率会远超于此。

同事之间如果平时没有情感交流，有需要时是不会帮忙的，各搞各的，很严重的本位主义，还很喜欢给你穿小鞋，你一穿鞋子就脚痛，他会很愉快，这是人的本性。我们满脑子效率，其实这种效果不一定很好。

对管理目标，我们很容易自我满足，也很容易转移目标。组织本来想要团队业绩，可管理者本身不清楚什么样的管理行为与业绩相关，搞了半天，业绩没有上升，把重心都放在了士气和人际上。

如何指哪打哪、如何让管理行为更可控？团队管理的第二个核心就是让管理者从一开始就明确这一阶段的核心目标，而不是靠感觉、不是碰运气。你要业绩就要拿出和业绩相关的管理行为和方式，你要士气就要拿出和士气相关的方法，你要人际就应该有提高你和员工管理的行为举措。

高效团队管理的第三大核心原则：弱化矛盾

开会时我们不会每隔几分钟就问"还有谁有不同意见"，即使在一场三天的会议中，我们也很少会问两三次。如果管理者从一开始就允许一切感觉和想法的呈现，那么大家在处理之后的工作时就不会争执或逃避。当团体认识到参与的力量时，有人自然而然会问别人是否也有同感。即使你不是领导者，你也总是可以问"还有谁有不同意见"。如果你不确定他人立场，可以借助暴露你的小集体而让自己参与其中！会议中出现非正式小集体会让大家知道所有的想法和感觉都是可以接受的，因为这样做，才更有可能把任务放在第一位。

一个组织在做决定时，是会产生不同意见的，对会议决策而言这也许是好事。同理，管理者的任何一个管理行为也可能有人喜欢，有人就不喜欢，原因是多方面的。如果喜欢的人数量要远远多于不喜欢的人，说明你的管理行为符合大多数人的想法，得到了更多的支持和拥护，那这个管理行为落地和实施的效果就会好一点；反之，这个管理行为就会受到员工的抵制，执行效果就会很差，甚至无法得到有效执行。

管理者的管理做法是由多个管理行为组成的，如果一个管理行为对员工绩效模型中右下角的（3，3）至（5，5）员工有利，而另外一个管理行为又会伤害这部分群体（在本书中我们已经讲过这个例子），麦肯锡调研得到的结果是：同一个人在收益和伤害相同的情况下，他的总体感受是受到伤害。这就给所有的管理者一个提醒：员工更容易接受和记忆负向的伤害。这就意味着当你同时对他"好"和"坏"的时候，别人更容易执行和感受"坏"的行为。

如果问题造成了潜在的分裂，不要让它极端化。换句话说就是，你的管理做法要想有效就要尽可能选择那些类似的管理行为，保持管理模式的一致性，目的很明确：弱化矛盾。尽量减少矛盾的范围、强度，尽可能让矛盾的群体集中、聚焦、减少，同时降低矛盾群体可能会产生的极端反应。

管理者的困惑很多时候来源于"我到底应该面对谁"？一方面是问题的当事人，另一方面是团队的其他人。在这里，我们需要管理者做一个新的思考，我们的管理经验往往是面对具体的个人，如何处理这件事情，包括结果、情绪、人际、过程、方式等。《动机管理》提供了一个新的视角：你有没有想过，当你采用目前的管理行为时，其他团队成员会不会接受，这是不是他们认为"好的"方式，如果只为了化解一时的矛盾却伤害了更多人，其实是得不偿失的。这中间需要找到双方都可以接受的模式，这就是超越管理者目前动机的意义所在。

有时人们会陷入与别人冲突的信念、对问题的不同解释、解决方案的分歧或决策的差异中，他们的确可以不同意，毕竟管理者有多重的角色和身份，不能只顾及一部分人。

德鲁克称管理者要发现明显差异中的相似性，以及明显相似性之间的差异，可以更容易找到解决问题的方法。人们开始注意到差异之处，而不是相似之处，才成就了这种标新立异的工作方式。一旦你把这种方式推广开来，你就会感觉到并相信其中的奇妙之处了。

人们只有在知晓自己的差异时才能重新融入集体，他们需要听听别人的想法，否则，协议不可能达成。任何时候你想进一步确定大家的不同之处时，四处走走会给你可靠的安全感。若是陷入了困顿之中，我强烈建议去问问每个人对这一问题的想法或感受，由这种行为产生的信息会给予你明确的选择。

高效团队管理的第四大核心原则：刚柔并济

刚性管理凭借制度约束、纪律监督、奖惩规则等手段对员工进行管理，具体表现为一系列的管理与原则制度的逐步完善，它要求在实际的管理活动中，一切照章办事，不讲情面，注重效果和效率，以形成制度面前人人平等的局面。

刚性管理中最具代表性的就是泰勒的科学管理。泰勒认为由于组织内部各要素之间联系非常复杂，通常是多维度、多层次的，所以在管理实践中，组织应注重以严格的管理制度为主。

刚性管理有四大弊端：

1. 制度和条款永远无法涵盖所有部门和员工的任务范围和责权利；

2. 企业内部很多工作是不能用制度来管理的，而需要充分调动员工的积极性；

3. 刚性管理的最大弊病在于无法真正调动起职工的积极性，它把员工看成是接受监督的对象；

4. 即使员工完全遵守企业制度和管理者的安排，自身的潜力也只能发挥20%至30%，可见刚性管理是片面的管理方式。

什么是柔性管理呢？顾名思义，与刚性相对，是以人为中心，依据组织的共同价值观和文化氛围、精神气质，依靠激励、感召、启发等方法进行的人性化管理。柔性管理是在研究人的心理和行为规律基础上采取的一种非强制性管理方式，值得领导者借鉴。

管理需要多元化，如果善于把握刚性和柔性两种方法强化管理，效果可能会事半功倍。

我们的管理对象均是有血有肉、有感情、有思想的人，且个体间千差万别。刚性管理能约束人的行为，却管不了人心向背。如果单纯用繁杂、教条的制度及流程管理团队，势必耗财、耗时、耗力，事倍功半。而柔性管理的特点，则在于不是靠外力，如发号施令，而是靠人性解放、民主管理，从内心深处激发员工的内驱力、主动性和创造性，使大家能真正做到心情舒畅、不遗余力地为组织产出价值、贡献力量，正可与刚性管理形成互补。

从管理的效果看，刚性管理通常的管理力度都比较大，既能带来很多正向的作用，也可能让部分员工向左走、向下走。当多个管理行为同时发生时，很难真正聚焦。这时候，负向管理行为就会扩大，人数、面积就会扩大，而负向管理行为的作用往往高于正向管理行为，就会大大削弱正向管理行为的效果。如果管理者没有清醒的认识，就难以实现自己原本的管理预期。

选择一个强势的管理行为作为主导管理行为，进而选择一到两个柔性的管理行为对主导管理行为加以辅佐，一方面可以尽量减少负向行为的扩大化，另一方面能稳定正向行为的有效性，从而有效实现管理的最初目的。

当你开始理解管理需要建立在团队稳定的基础上、循序渐进的基础上、有效掌控的基础上，有些管理行为是一种过度的管理，而其余的管理行为你无法判断其有效性时，这些柔性管理方式其实是可取的。

第六篇

打造高士气团队

　　每个人尽自己最大的努力不是真正的解决办法。首先必须让人们知道要做什么，这需要彻底的变革。变革的第一步是要学习如何改变……所有追求变革的管理部门都要长期接受新知识和新观点。胆怯和怯懦的人，以及急功近利的人，注定都要失望。

　　——W.爱德华兹·戴明（W. Edwards Deming）

■ 激发员工意愿，打造受人喜爱的组织

如果让你周边的同事来描述一下你们公司与世界500强公司之间的差异，你会发现，适应力和创造力被列在前几位。我们每天都会从自己或周围人身上看到人类的创造力。

偶尔转换一下工作内容，目的是为了寻找新的挑战或者寻求一种更为平衡的生活。每天，有很多人在写微信、录制视频号，拍摄抖音小视频；有很多人尝试着用新配方改进一下原有的菜肴；也有人尝试着调整一下家具的位置，让自己生活得更舒适……组织中的我们，原本具有惊人的适应能力和创造能力。遗憾的是，我们所效力的组织却少有激情和创造力。

这说明，组织从某种程度上剥夺了团队成员的适应性和创造力。在上班时间，人们创新和适应的天赋被过滤了。管理原则与流程形成了纪律、精准、经济、理性和秩序，却抹杀了艺术、反抗、创意、勇敢与锐气。简单地说，大部分公司极少采用正向积极的管理，因为他们很少提供成员所需的、能发挥适应性与创造力的空间，产生的恶果是组织系统性的潜力发挥欠佳。人们每天上班，但许多人只是在"梦游"。

2015年，韬睿咨询公司对16个大中型企业的8.6万名员工进行了调查。研究者采用了以下几项指标来衡量员工是否专注于自己的工作，要求被调查对象回答对下列指标的赞同程度：

- 我很少关注我所工作的组织的未来发展
- 我会自豪地告诉别人我的工作单位
- 我的工作让我体会到个人成就感
- 我会把我的单位作为一个很好的工作选择推荐给我的朋友
- 我的单位能激发我努力工作的热情

- 我能理解我所在的部门对组织成功的热情
- 我能理解我所在的部门对组织成功的贡献
- 我能理解我在单位里的工作与组织的整体使命、目标发展方向相关
- 我愿意超出组织对我的预期，加倍努力，协助组织获得成功
- 我个人备受激励，会尽力协助组织获得成功

用对工作"高度专注""加倍努力""毫不专注"来测量被调查者的工作专注与努力程度，然后计算出每个被调查者的总分，当所有的数据完成后，研究人员这样总结："不论处于组织中的任何层级，大部分人对自己的工作都不太专注。"研究结果表明，全球有14%的员工对自己的工作"高度专注"，24%的员工对自己的工作"毫不专注"，其余人对自己的工作"基本专注"。

总之，85%的团队成员在工作中没有尽他们所能。这是令人震惊的人力资源的浪费，这也解释了为何许多组织中没有其员工表现出众的现象。可奇怪的是，在公司里工作的人们——从不被认可的底层人员到拥有高级权力的公司高管，似乎都放弃了改变这一现象。

在过去，或许我们可以忽视这一矛盾，然而，未来绝不能这样。适应力与创造力已成为未来竞争成功的必要条件。因此，组织所面临的挑战是："彻底改造管理系统以激励员工每天都发挥才干。"管理目标中打造高士气团队即是对这一目标的完全总结。

按照员工绩效状态模型中对士气的分级，意愿中最低层次1的叫作"负强动机"，不仅对工作过程、工作结果不关注，还会表现出一定的对抗行为，甚至直接表现为消极和破坏行为。意愿中得分为2的维度叫作"负弱动机"，关注结果、关注环境，对一切负面情绪有强烈的共鸣，他们内心有矛盾、怨气、失落等，表现在内心有不满，嘴上有抱怨，依然会按照自己正确的行为和做法去操作。意愿中得分为3的维度叫作"零动机"，基本的表现是服从，即按照既定方向执行和遵守规则的能力，服从是基础，有一定的责任感，关注过程、关注结果，有的时候也会对制度、规则、资源有一

些抱怨，但至少会尽力做好自己的工作。意愿中得分为4的维度叫作"弱动机"，他们愿意提高自身能力并且愿意向他人提供协助，当付出和收获能形成一定的反馈，会不停激发他们的努力。而到了意愿中得分为5的维度，我们称之为"强动机"，他们不会等着被别人问、被别人教，他们会寻找新的挑战并寻求新的方法来创造价值，他们在想："我们怎么样才能创造更多价值，这样会不会很酷？"激情会让每一个人表现出令人惊叹的状态。拥有"强动机"的团队成员会努力跨越障碍，永不言弃。激情具有感染力，正如英国小说家福斯特所说："一个拥有激情的人胜过四十个仅仅有兴趣的人。"

如果你想在未来的团队绩效中占据高点，你需要的不仅仅是能力，还要有认同、专注以及兴致勃勃、诙谐幽默和充满热情。所以我们得认真地探讨：究竟是什么阻碍了组织拥有热情这一天赐的才能。

■ 高士气团队中员工的动机诉求

只要是团队管理工作，总是会涉及团队士气问题。团队中的成员不是每个都会像打鸡血一样的充满激情，团队的士气也不总是高涨的，总会有低落的时候，此时找到团队士气低落的原因，针对原因采取措施，提高团队的士气，才能更有效地达到团队的目标。

员工士气的高低，直接关系着企业的命运。能否有效鼓励员工，关键在于上司。长期以来，多数管理者单纯依靠物质激励来鼓舞员工士气，这种单一的激励方式均以失败告终。企业的共同利益可以凝聚人心，激发竞争意识。无数实践证明，高团队士气与高业绩成正比，反之亦然。

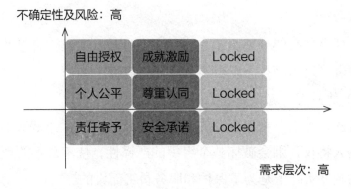

员工满意度与动机解锁模型

长期的实践表明，影响团队士气重要的因素主要有以下三个方面：安全承诺、尊重认可和成就激励。

动机解锁四：安全承诺

安全承诺的本质是底层需求的标志。

对员工而言，他们需要一个较为确定的安全承诺。如果他们有足够的安全感，就会表现得更为稳定，并且会逐渐尝试追求更高层次的价值。而如果员工缺乏安全感，则会造成不可预判的流动。满足员工的安全感本身并不复杂，这需要管理行为的一致性。

1. 不朝令夕改

如果管理者总是喜欢改变自己的说法，时而变更指令，会使员工感到他的工作极不稳定。每个员工在接到管理指令的第一时间，先是理解、揣测、想象、评估，管理者为什么要下这个指令？管理者想要一个什么样的结果？管理者下一步会怎么做？也就是说每一个团队成员都想搞清楚管理者真实的意图，以便预测管理者下一步的动作，对自身的利害情况。当员工可以预测这些时，自己的执行力相应就会增加，就会增加对管理者的信任度，反之亦然。有时候，改变指令是被迫的无奈之举，但不应该成为一个习惯。这表明管理者在做决策时应务必清醒，并且预见其风险，提前做好准备。

2．令行禁止

如果一件事情被明令禁止了，破坏它会导致员工感到自己的不安全。在这里，管理者必须明确自己应当传递这样的信息。

3．企业的制度、流程是为了保护员工而存在

许多时候，员工会抱怨企业的制度过于死板，给工作带来不便。然而一旦给予某些人特权，则会破坏整个组织的严谨性，使不公平的现象发生。因此，组织的制度实际上是为了保护和服务员工而设的。

这样的信息未必会得到员工的认可，因此这需要管理者的辅助，确保员工得到的是正确的信息。这指明管理者需要有非常明确的立场：保护规则，就是保护员工。那些期待高于规则的员工，如果得到了保护，意味着那些本分的员工可能会受到伤害。

同样，如果管理者发现安守本分的员工不能得到应得的利益，就应当借由修正规则来完成，而非给予个人的支持和激励。因为这种做法只能提升个人的威信，但不能提升安全感。

动机解锁五：尊重认可

尊重认可指的是肯定和感谢。

对任何想要在人际技能方面有所建树的管理者，都应该掌握尊重他人，并且明确表现出来的技术。这会使许多事情变得容易，而且对自己没有什么损失。肯定他人的工作，并且为对方的努力贡献做出感谢是非常重要的，也是某些管理者保持员工高昂士气的秘诀。这意味着管理者需要关注员工的工作，肯定他在绩效方面的表现。

1．不轻易地评价他人

如果没有证据，不轻易地对他人甚至是对事物下评论性的结论是一个非常好的习惯。除了表现出不尊重之外，这样的论断甚至会影响他人的表现。从负面来说，可能会导致他人反感，然后产生攻击性；从正面来说，可能会传递出暗示。

2．看到正面的结果

有些管理者总是很容易看到员工的失误，找到员工的问题，却从未肯定过他的正面贡献。这会使沟通过程逐渐失去应有的作用，要么流于形式，要么制造冲突。如果不能肯定对方的贡献，那么你的问题也会失去激励的意义。反之，肯定对方也会让员工了解：你关注着他们，你了解他们在做什么、做得怎么样。一个小的技巧是，在工作细节上的肯定有时候会更有激励效果。

3．适当的感谢

听起来不是难事，却是很多管理者时常会忽略的。在我们的调研中，我们惊讶地发现有15%的员工从未听他的管理者说过"辛苦了""谢谢"这样的话语。如我们所料，他们中的85%都不喜欢他们的领导。

4．反馈，反馈，反馈

如果你对一个陌生人打招呼，他看见了，但他没有任何反应，你会觉得自己受到了侮辱。同样，如果员工与管理者尝试交流时，所提出的意见没有得到反馈，哪怕是24小时之后有了反馈，他也会觉得没有受到尊重。与员工沟通时，即使你认为他的意见毫无意义，也应当及时给予反馈。

动机解锁六：成就激励

成就激励是证明自己的最佳手段。

一个团队组织中，员工的潜力是巨大的。员工的潜能如同光能，他们既可以各行其是，像单个的电灯泡一样散发自己的能量；也可以把所有的能量集合起来，如同一束激光，穿透所有前进道路上的障碍。在连续变化的组织发展中，最重要的不是某个人在某个时间的状态，衡量的标准更多是业绩，也就是他所取得的成就。

如何让每一个员工成为一匹"黑马"，用两个字来概括就是"成就"。人类具有天赋的创造欲望，创造以前从未存在的东西。创造的欲望因人而有强弱之别，但它存在于每个人的身上。由此可以推论，发掘企业所依赖的优秀企业员工只不过在于尊重人性的这一层面，并将它在一个以牟利为主的企业内发扬光大。

如何培养和激发员工的成就感？

1．改变世界的机会

一个好的组织能吸引天才的原因就在于让他们有机会改变世界。在许多公司，员工除了"完成指标"外就没有更高的追求了，这无益于持续的战略更新所需的想象力和勇气。这不仅仅是技能的共享，而是公司大胆的举措对那些致力于解决重要问题的人来说，是一种不可抗拒的诱惑。

2．扁平的自我管理团队

研究表明，7至13个人的团队，是沟通、执行、效率最高的团队。让每一个团队成员都尽其所能，每一个团队成员都可以按照承诺做事，如果看到机会，努力抓住它。在这里，不需要根据安排做事。

通过缩小团队规模，并让每个项目资源略微不足，能保持最佳和高效的状态，这样看起来更像是始终处于创业公司的状态。

3．快速、低成本的试验

进化性适应不是宏伟计划的产物，而是坚持不懈的结果。简单地说，如果你能比竞争对手以更低成本、更快速度去进行试验，你就能尝试更多的想法，并有更多抓住未来的机会。

4．自由选择个性目标

保证每个团队成员都有20%的时间投入非核心业务的创新，这样能使组织始终处于持续更新的状态中，同时也可以留住最好的人才。在实践中，很少有人可以每天或每周花20%的时间在自己喜爱的项目上，然而在科创公司中验证了，70%新产品和新技术的诞生是由这20%的时间决定的。

俗话说：兵熊熊一个，将熊熊一窝。一个团队，有没有战斗力，最关键的决定因素是团队士气。一支敢打敢拼、所向披靡的队伍，必须要有能征善战的良将，要有上下一心的斗志。将是核心、是表率、是旗帜、是榜样。将是队伍的定盘星，有什么样的将，就会带出什么样的队伍。将有斗志，团队的士气就会调动起来，就会形成一股强大的力量。

"三军易得，一将难求。"热播电视剧《亮剑》中的独立团，攻无不克、战无不胜，这背后主要归根于独立团团长李云龙。他浑身胆气，满脑子主意，遇到强敌不退缩，碰上硬骨头有办法，带领着独立团逢敌亮剑、所向披靡，打造出一支真正的狼性队伍。

由此可见，一支有战斗力的队伍，必须将有斗志、兵有士气。

■ 匹配团队状态，找寻适合的管理方式

繁杂的企业管理背后是大道至简的基本原理。企业的管理者要善于领会基本原理，运用经济学和管理学的思想，结合外部环境和自身条件，灵活运用基本原理来思考问题，形成有价值的理念，同时形成一种思维方式。

管理者对企业成长中遇到的问题，往往有刻骨铭心的直接感受，他们希望追根溯源，寻找到一切管理行为背后的理论依据。这需要基本原理的指导，只有把握基本原理和基本思想，从理论上找到行为的支撑点，管理者才能更加坚定地、更加大胆地放手去做。

经济学和管理学的基本原理，可以为管理者的各种行为提供理论指导，帮助管理者把握解决问题的正确方向。企业管理者学习基本原理的目的，就是领会经济学和管理学的内在思想，不断学习新的理念，不断接受新的思维方式。运用经济学和管理学的基本原理分析企业出现的问题，揭示资源配置和组织激励的本质，解决企业成长中的问题。

从经济学视角来看，管理者首先要清楚资源的稀缺。因为资源稀缺，所以，要考虑把稀缺的资源进行优化配置，发挥资源的最大效用。经济学强化资源配置效率，把稀奇的资源配置到能发挥其最大效用的环节中去。其

次，人是理性的或者有限理性的，人们会对激励做出反应。所以，要对员工进行激励和赋能，满足激励相容。最后，任何事情都存在约束条件，我们能做的是在约束条件下，进行最优化选择，可以是收益最大化或者成本最小化。

从管理学视角来看，管理者要学会界定企业的使命，组织和激励人力资源实现企业使命。企业高层管理者要熟知人的本性，要认识到团队的作用。管理就是一系列的决策，是战略选择。

企业管理者要明白，管理者是有限理性的，进行决策时，要遵循满意原则。管理就是激发，管理者要善于协调企业人力资源与其他资源的关系，让各种资源发挥最大效用。管理者要清楚，检验一切的标准是最终效果，管理最看重的是最终的成就。

从团队发展视角来看，管理者要真实评价自身团队的状态，采用与目前团队状态一致或高一级的管理模式，这样你的管理模式、管理方法和管理强度才更容易被团队接受。真实的管理不是只停留在理念之中，更多的是要转化为管理行为。

管理学强调"情境"的巨大作用。企业管理者要关注特定情境，针对特定情境，采取灵活有效的管理策略。行为金融理论中的羊群效应，也说明了人的行为往往受到情境的影响。E.阿伦森的《社会性动物》一书指出："社会情境对人们行为产生重要影响。一个人的行为，往往取决于他或她所处的情境。"这与管理学理论中的管理情境理论是一致的。

成功可以带来企业管理经验，但也可能固化管理者的思维。倘若外部环境发生重大变化，以往的成功带来的经验和思维方式，如果不能及时调整，也可能变成阻碍发展的绊脚石。思维惯性使人很难转变思维，可能会导致危险的后果。

因此，企业管理者要学会克服思维惯性，学会有计划地放弃，放弃不再创造价值的业务。企业管理者要学会自我反思，重新审视已经不适合时代的经验和思维。

■ 管理就是做正确的事

管理就是做正确的事

彼得·德鲁克说："管理是实践而不是实施，管理不是了解而是行为。"没有现成的管理条例供你实施，管理是在实践活动中逐步改进，从而找到正确的方法。这就要求管理者在管理过程中，勇于探索，勇于犯错，勇于承担责任，善于纠错。有责任才有动力，有目标才有方向，有实践才能改进，有改进才能正确，只有这样企业才会一步步地走向成功。

德鲁克认为："有效的管理者能够排除任何影响他们工作的障碍。"任何人都一样，工作中没有障碍几乎是不可能的，但是有效的工作者一定能够克服困难，排除障碍。

世上没有绝对的事，谁也不是神，没有任何一个管理者能够做到万无一失。在管理过程中，要主动为自己设定工作目标，并不断改进方式和方法。遇到问题是正常的，不要退缩，要认真思考，看问题出在哪一步，然后再想出解决问题的办法。管理中没有绝对的正确，也不会有永远的错误，只有放弃和不断改进后的正确。

团队士气受多种因素的影响，尤其是团队中的员工。管理者最好将动态激励和静态激励结合在一起：静态激励就是企业的制度，例如奖金制度、处罚条例等，这是最基本的激励，也是很多企业用得最多的；动态激励就是指管理者根据阶段的变化和环境的要求以及员工的实际情况等做出的具有激励作用的决定，而这个激励又是最关键的，要想让你的下属跑起来，动态的激励方式必不可少。

管理者在面对团队士气管理的过程中，要想发挥好的效果，必须深谙激励之道，熟悉"感情、帮带、培训、奖励、处罚、竞争、公正、授权"十六字箴言，并加以综合运用，这样员工才会跑起来。在这十六字箴言中，感情起着至关重要的作用，相对而言也较难处理，如果把握不好，就可能弄巧成拙。

士气意味着赏识和希望。感情传递的是管理者对员工工作的认可，对其能力和人品的信任，有时候看到员工累了，过去拍拍肩膀，一句话也不说，起到的效果比请员工吃顿饭都要好得多。

管理者不要吝啬你的赞誉，尤其是在公共场合，精神激励时时刻刻会调动员工积极的神经。同时工作和私人生活不一定要绝对分开，私下的生活细节关心、生日团队庆祝等也能起到不错的效果。

没有激励的管理是不讲艺术的管理，团队管理就是一个不断激励员工的过程。团队士气激发的秘诀就在于让员工觉得自己受到重视，这样才能激发他们的责任心和主动性。

管理越轻越好

杰克·韦尔奇对管理的理解是有别于德鲁克的，韦尔奇认为管理要越少越好、越轻越好。过去的管理者是"经理"，表现为控制者、干预者、约束者和阻挡者；现在的管理应该是"领导"，表现为解放者、协助者、激励者和教导者。韦尔奇的"无为管理"，并非认为管理者可以自由放任而不进行管理，而是强调不要陷入过度的管理之中。杰克·韦尔奇把管理行为界定为：清楚地告诉人们如何做得更好，并且能够描绘出远景构想来激发员工的努力。用韦尔奇的话说，就是"传达思想，分配资源，然后让开道路"。

韦尔奇认为，经营管理的规范过度必然使企业的各项活动变得迟缓。韦尔奇强调，管理不需要太复杂，因为经营活动实际上非常简单：你熟悉有限的竞争对手和自己的营销市场范围，这种熟悉的程度远远会比从2000个选项中进行选择来得容易简单。对韦尔奇来说，经营一个成功企业的秘诀在于确信企业所有关键决策者都能了解所有同样关键的实际情况。韦尔奇对此给出的建议是："管理越少，公司越好。"

人的性情是具有多面性的，过多地调动或干扰人的情绪，反而不容易稳定。在团队士气的激励中，我们一般不会看见有连续三个刚性的管理行为，当然你有可能会看见连续三个柔性的管理行为。企业如果想提升员工的士气，就要顺着员工的"性情"来，在稳定住现有情绪的基础上，充分利用和发挥目前的资源、能力和人力优势，做力所能及的事、做最擅长的事、做容易得到正向结果的事。

放手让自己的下属去干

每个人的精力是有限的，我们不可能一个人做好所有的事情。因此，作为一个企业管理者必须学会把权力授予适当的人。授权的真正手段是要能够给人以责任、赋予权力，并要保证有一个良好的报告反馈系统。

人才是成就一番事业的关键，无论什么时候，人才都是立业之本。这个道理知易行难。有了人，善用人，也许就会得到一切；没有人，不善用人，企业就会失去一切。关键在于你怎样用人、怎样看待这个问题，总而言之，在信任的基础上，放手让下属自己去干。

在很大程度上，管理者的科学性在于对事的科学性，管理者的艺术就是用人的艺术。在用人方面，能够用人之脑的，能够合成众人之智的，才算是高明的管理者。睿智的管理者本身并不需要十项全能，但必须学会如何整合众人的智能以为己用。

现实中，有一些单位的管理者干劲儿十足，精力充沛，处事明快，每天忙得不亦乐乎，但是他们总是大事小事一把抓，事必躬亲，即使让下属自己做一些小事，也不放心，处处过问。这只能说明管理者对下属极度不信任，不敢放手让下属自己做事。这样的话，不仅限制了下属的活力，自己也孤掌难鸣，事倍功半，不会有好的业绩。

把一些重要的事情交给下属去做，体现他们的能力和重要性，这一举动恰恰表现出你对下属的信任。任何其他方式，都不如这种领导方式来得直接、有效，并且管理者也能有精力和时间去处理更重要的事，何乐而不为呢？

与下属推心置腹，千万不能只把这句话放在口头上，而是要放到行动中。要把这句话牢记于心，并时时处处体现在行动之中，这才是一个管理者真正的高明之举。否则，口头上对下属如何信任，而实际上却对他们百般猜疑，那样只能是"搬起石头砸自己的脚"。

作为一个有责任心的管理者，用人一定要有一贯性，即使在下属出现失误时，也要敢于用人不疑，放手让他们自己去干。有的管理者在下属出错时，表面一套，背后一套，明着去同情他、帮助他，表现出管理者如何的仁义、大度，暗地里却怀疑他、出卖他，这种管理者能欺骗一时，但最终必定会被识破，露出卑鄙的嘴脸。朋友之间相处，讲究"患难朋友才是真正的朋友"。管理者与下属之间相处，也是如此，赞美下属的忠诚，在他处于逆境时更要信任他，把援助之手伸向他。只有这样，才能体现出管理者的高明之处。

作为一名管理者，应将下属放到最能发挥作用的岗位上去，以实现岗位所需和人才所长的最佳组合。同时，对一些从事某项工作有难度的员工，要多鼓励，不断给他们搭建一个能真正发挥自己潜能、施展自己才干的新"舞台"，为他们创造出一个想拼搏的环境与空间，让全体成员从思想到行动能时时感到有干头，从而焕发更大的工作热情。

最成功的管理者是那些把工作放手让下属去做的人，是把下属培养为管理者的人，是把管理者变为变革者的人。

■ 建立自己的关系网

管理外交挑战

一个管理者从专业职位晋升到管理职位的过程中，往往会发现习惯于在工作中施加权威和紧迫感的管理容易遇到进退两难的局面。你必须认识到一个重要问题：要达成目标，就要实现管理外交，有效地调整组织同盟、关系网络及其他商业关系来促成各项事务。

如果没有掌握这一关键技能，就会遇到很多问题：习惯于使用权威来做事的管理者在阶层更高的新职位上很快就会感到沮丧，并且只能迫使下属按照命令来做事。这些管理行为不但没能克服阻力，没有建立有效的反应同盟，下属甚至通过管理者的晋升对手来拉拢竞争者，他们条件反射地聚集在一起，并不能有效地解决问题。新晋升的管理者确实很容易陷入这种脆弱的循环之中，你在权威上的过度使用就会导致反对声的增加，就会导致管理效果更加激化。

成为高效的外交家

怎样才是高效的企业外交家？伟大的管理者总以能在组织中促成重要事务为前提建立支持联盟。他们知道必然存在反对的声音，因此他们会事先进行预测并做好应对策略来达到目的。他们不指望能赢得所有人的赞同，却非常注重获得大多数人的支持。最重要的是，找到解决问题的办法和了解需要做哪些事情，同样需要耗费很多精力。关键就在于要了解建立联盟的重要性以及将极具影响力的关键人物作为发展目标。

管理者在过渡的过程中要投入精力在组织中建立联盟关系是正确的，因为这些关系会在你做事时大有裨益。新晋升的管理者未雨绸缪建立新关系是个明智之举，正如不要等到半夜自家院子起火时，才与及时赶来的邻居初次见面。需要注意的是，建立关系和建立联盟之间存在着一些差异，这是组织政治学的一个重点，而运营管理学对此的强调还远远不够。

总体来说，联盟是在两方或多方势力中谋求达成某一特定目标而形成的协议，这可能是显性的也可能是隐性的。与此相反，关系则由更多的社会交往构成，包括个人交情都可能会在达成某一特定目标时起作用。

如果说关系未必等同于联盟，那么，反之亦然。高效的企业外交家经常同与自己没有什么重要关系的人建立联盟。联盟通常以长期共同利益为基础，形成不断发展的相互支持与合作关系；短期协议则旨在推动具体事项的进程，完成目标后随即解体。你可能会与自己意见相左的人合作，不过如果只在很小的业务范围内实现一个非常具体的目标，也许就用不着这样了。

确定你的影响力目标

企业外交的实质反映的是存在已久的相互妥协。这或许存在缺陷，但相对稳定——除非打破原有平衡，重建秩序。因此，除了了解建立联盟和关系的原因、方法及二者之间的差别，管理者还要明确他们的影响力作用对象是什么，还有他们希望达到怎样的目的。

绘制影响势力图

深入了解联盟和关系是如何起作用的，并确定要对组织进行哪些调整，这就已经为下一步做好了准备：找出最具影响力的人物，确定需要他们做什么，以及在什么时候采取行动。其中一个关键问题你要问自己，即要争取到哪些关键人物才能建立共赢联盟，并且通过他们的合力才能确实改变现状。同时，还要努力攻克潜在的反对方，因为他们是一些希望维持现状而且也有能力这么做的人。那些极具影响力的人会联合起来试图组织变革，他们又是出于什么原因这么做呢？在双方阵营中哪些重要人物可能会提出反对意见，他们会如何阻碍改革进程？如果能清楚认识到反对势力会在哪些地方做文章，就能有效地挫败他们的计谋，甚至可以从一开始就阻止他们结成反对联盟。

管理者可以采用几个技巧来尽快理解并掌握管理政治学的玄机。第一个方法是合理猜测谁会是你的提议在实现过程中的重要参与者，与他们进行会面，积极主动且专心致志地听取他们的意见。多问一些问题，但注意不要显露出冒犯或不敬之意。如果你对他们的回答不甚满意，那么在整个谈话过程中就用同样的问题以不同的方式多问两三次。使用假设场景来抛砖引玉，以听到谈话对象深思熟虑后说出的建议。

第二个策略是在会议间隙，在走廊捕捉会议参与者在聊天或其他互动中所显示出的地位和影响力的微妙细节。谁对谁在说什么；谁坐着、谁站着，他们的位置又是怎样的；讨论具体问题时，谁和谁的意见不一致；当问题提出来时，人们把目光投向了谁。

不用多长时间，影响力结构就变得清晰起来了，很容易就能确定谁虽然没有正式职位，却极具个人影响力，他们的非职位权威、专业知识和强大的个人魅力，都使得他们在组织中具有很高的地位和巨大的影响力。如果你能让这些意见领袖认同你所坚持的重点，并肯定这个目标确实具有先进性，那么就会有更多人接受你的想法。另外，你还能够分辨清现有的联盟——哪些人在一起组成了或显性或隐性的联盟来谋求达到具体目标或是合力维护某些特权，如果这些联盟能支持你的提议，你就能开展实质性的改革。如果他们反对你，那就没有什么好讲的了，你要打破他们的联盟并建立对自己有利的新联盟。

通过绘制组织内部的影响力网格，管理者能准确地划分出潜在的支持者、反对者以及可以争取到的第三方。支持者可以包括组织里任何一位赞同你对未来设想的人，可以是那些为自身前途不断奋斗的员工，也可以是尚未融入现有格局中的新任管理者。

反对者会极力抵制你希望达成的目标。他们有无数理由不同意你的做法，总之，他们就是不赞同你提出的改革建议。他们对现状非常满意。或许是在这种状态中，他们过得实在是太舒服了，害怕改变会夺取他们权利，害怕你的提议会影响他们最关注的人事、程序以及他们一手缔造的企业文化。他们最惧怕的是感到没有足够的能力来适应你所提出的改变。如果你能了解反对者抵抗的原因，那么就能更有针对性地反驳他们的说辞，甚至可以说服他们成为支持者。

说到改变他人立场，别忘了还有一部分是可以说服争取到的：他们对你的提案漠不关心或者还没有决定是否要支持你。如果能指出你的计划可以惠及他们的切身利益，他们是可以被说服并转而支持你的。

完善影响力策略

现在我们对组织中的影响力结构已经有了透彻的认识，明确了关键参与者和联盟关系，并描绘了可能出现的场景，是拿出对策以影响力制胜的时候了——这是在新角色中出奇制胜和获得改革动力的关键所在。

首先要了解关键参与者是如何看待他们的利益的。利益才是他们真正关心的事情，这里的关键就是要了解潜在反对者可能会抵制哪些事情，而且要清楚原因是什么；可以避免损失哪些具体利益；他们能获得什么好处；如果这是一笔划算的交易，作为补偿可以吗。对支持者也要做同样的分析。

然而，只了解他们如何看待利益还不够。另一个关键是要了解他们的选择余地。人们觉得自己有哪些可选择的余地？对此，要多加评估才能看清形势。评估之后，就必须重新设定可选余地，因为发现继续坚持现状是不可能的事了。一旦人们感到调整势在必行，这就从公开反对变成了谁来主导变化的影响力竞争大赛。

通过评估关键人物的利益和可选余地，就能更有针对性地准备你的提议论述了。你的理由和论据可以更有效地支撑你的提议，因此在提出框架时就要多花时间和精力使其更为妥当。

一旦完成在此框架下对这些问题的思考，请使用以下技巧来创造改变的动力：渐进、有序、斡旋与峰会外交。这三个方法共同作用以改变关键参与者对可选余地的认识。

渐进。这个方法可以引导所涉及的人将期望的大方向转化为多个小步骤，并承诺将逐渐提升为主要的目标。这样做非常有效，因为每一小步都能为进行下一步动作做好心理铺垫。

有序。这个方法包括事先安排接触不同重要人物的次序和方式。如果你最先接触最有影响力的人，就能通过他们与更多势力结盟。如果能争取一位备受尊敬的人来支持你，其他人就会随之给予你帮助，这样你的资源储备就会成倍增长。得到的支持越多，你的议题就越容易通过，反过来又会得到更多的帮助。

斡旋与峰会外交。这项策略包括召开一系列的一对一会议和小组会议，以增强改革的动力。此时的关键是要找到正确的组合。一对一会议非常有利于了解情况，比如，倾听人们的意见，通过新的额外信息来改变他们的观点，或是通过具有谈判性质的谈话达成两人之间的某种共识。不过，与会者不会在谈判中轻易就做出最终妥协和承诺，除非面对面和其他人坐在一起进行讨论，这时峰会外交的作用就显现出来了。只是有一点需要注意：如果整个过程还不够成熟，即人们还没有充分认识到应该做出哪些让步，这样的峰会就会为形成反对联盟铺平道路，具有否定权的与会者也许就会公然离席。

第七篇

打造高人际团队

管理者，就是影响他人合作从而实现目标的一种身份。对员工卓有成效的管理，必须靠管理者无形的感召力来实现。正所谓："桃李不言，下自成蹊。"赢得了众人的尊敬与信服之后，你会发现，管好员工其实不是一件很难的事情。当你真正把员工都变成另一个"你"之后，员工自动会把团队当成"家"。

——拉里·博西迪

赢得人们

通过赢得人们来支持自己，管理者能够促使组织文化发生必要的改变，实现他们的愿景。对一位卓越的管理者来说，你无法强迫人们付出太多，在大多数情况下，如果人们敬佩管理者本身，相信那个人对组织的未来有某种愿景，他们就愿意付出更多。

那么是什么让我们愿意追随管理者？我们发现很多管理者没有我们所说的独特的领导魅力，然而他们还是能够激励员工，对他们信任和忠诚。

这是一种隐性的管理能力，很容易被管理者忽视。有时即使有些管理者已经有了这样的意识，却仍然找不到合适的方法。人际能力理应得到比现在更多的关注。其中有些能力是可以教授的，有些人际技巧却需要每个人自己的感悟。例如，就像领导魅力一样，共情能力可能就是一种要么生来就有，要么就没有的东西。

管理者要了解和关注团队成员，不仅认识所有为我工作的人，还要知道他们家人的名字、孩子们的情况，我甚至知道谁的孩子成绩最好，谁的父母身体不是很好，知道该问哪些问题。在团队中，环境和感受是非常重要的。这正是员工看重的东西，是他们愿意留在这里、忠于组织、关心手头工作的原因。管理者要对员工的情绪和需求保持敏感，要给予员工发言的机会，以便他们能够诉说委屈或者提出非常好的创意。

共情能力是管理者的一种特殊手段。很多时候，对团队成员最大的激励就是让他们知道，他们的同伴尤其是上司不仅知道他们的存在，而且很密切地关注他们在做什么，几乎每天都与他们联系在一起。这是一种伙伴关系，我们其实是在一起努力做好一件事，如果有什么不对了，我们就要修正它，而不是等着看谁会被揪出来承担责任。

在某种程度上，管理者可以利用强权、敬畏和威胁来管理团队，而且听起来非常威严。你可以通过恐吓来让人们跟随你；也可以让他们感到有义务那样做而迫使他们追随你；你可以通过制造内疚感来领导人们。有很多领导力就来自对管理者的敬畏、依赖和内疚。我们需要创造一种环境，让追随者相信，这种追随在当时是最好的选择。在他们看来，同不追随相比，追随你显然会让他得到某种更好的东西。你当然不希望人们仅仅是因为领取了薪酬才追随你。有时候，你可以教他们一些东西。你要努力让每一个人都觉得他们与此有利害关系。

要想赢得人们，与精神、与团队氛围有很大的关系。这在很大程度上要求管理者不能把员工推到直接的相互竞争中去。我不认为工作中过多的个人竞争是最有效的。我并不否认要存在适度的竞争能激励团队成员的驱动力，但是为了竞争而刻意设计竞争，效果就会大打折扣。

要想赢得人们，管理者要更多运用说服的手段，而不是一味发号施令。管理不是基于职务，也许职位根本就不存在。让你获得成功的，是你能够以激励的、使团结成为可能的方式传达管理的目标。这些管理行为必须要被各种各样的人所接受，而不是仅仅被个别人认可。

团队亦是组织，是今天管理运营的主要模式，也是主要的塑造者。管理者必须保证组织是正直的、有道德的；管理者要学会设计组织，整理和调整组织，以便更有效地控制团队成员的效率，当然也可以更好地与上层领导展开更多交流。在管理者的晋升过程中，组织或鼓励或限制着有潜力的管理者。

组织，是助力还是障碍？

管理学家亚力克西斯·托克维尔是这样说的："我认为，人们所说的必要的制度，就是人们已经习惯的制度；而在社会制度方面，可能做出的选择要比人们所能想象出来的选择要广泛得多。"

伴随着新冠肺炎疫情的冲击，组织今天遇到了前所未有的挑战。越来越多的组织开始认识到创意以及有创意的人才是他们的宝藏。优秀人才受到了企业的追捧，得到了各种方便和丰厚的回报。很多时候，组织就像个人一样，组织也必须从经历中学习，并充分地施展自身及其所拥有的资源；像个人一样，组织如果想履行自己的承诺，也必须去管控和约束，而不是自由和任性地发展。

现在，一个好的管理者要想获得真正的成功，就必须重视和利用自己的资源，也就是人才资源。要尝试着给员工资源，让他们充分发挥和施展。管理者必须培养员工的忠诚，不仅仅是对组织，甚至包括对自己的忠诚，培养他们，激励他们，最终他们会成为你团队的核心。

那么为什么人们会尊敬、喜欢甚至是仰慕你，愿意无条件地追随你、支持你，即使是你遭遇挫折甚至是失败的时候，他们依然对你不离不弃？

爱因斯坦曾说："作为我们迄今所达到的思想水平的结果，我们创造了当前的世界，但它所带来的种种问题，是我们无法在同样的思想水平上解决的。"

一个卓越的管理者不是公司课程造就的，也不是学校课本所教授的，而是经历造就的。组织往往会在口头上大谈管理者的培养。但是管理学家莱曼·波特的一项研究表明，只有10%的被调查公司肯在这上面花时间。

很多时候高人际团队的打造是验证管理者晋升机会的重要标准，也是管理者处置危机、应对挑战的本钱。

■ 高人际团队中员工的动机诉求

很多时候，即使你没有争夺过组织的权力，仅仅只凭借自己的声音，也就是自己的观点和认知，你就会拥有巨大的影响力。你可以不是高层领导者，但你依然拥有非常多的影响和改变团队的机会，这就是"精神领袖"的作用和价值。

　　要想成为"精神领袖"很显然是需要一些条件的，最显著的四个要素是：

　　第一，始终如一。不管领导者自己可能面临怎样的意外，领导者要始终如一、坚定不移。

　　第二，言行一致。领导者要言出必行。对真正的领导者来说，他们信奉什么理论，就践行什么理论。

　　第三，可依赖性。领导者会在关键时刻挺身而出，他们愿意在紧要的时刻给同事支持。

　　第四，正直。领导者以自己的承诺和誓言为傲。

　　当管理者具备了这四个要素时，人们是否会自动地站在你这一边？因为这些要素是无法教授的，它们只能习得。所以答案是可能的，不是肯定的，还需要满足员工的自我诉求，分别是信任、相对公平和发展空间。

员工满意度与动机解锁模型

动机解锁七：信任

　　对某个团队的管理者来说，从声音出发去管理团队是一个必要的条件，管理者要学会利用共情能力和信任感来激励和说服他人，这也应该存在于所有组织中。在《领导是一门艺术》书中指出："为组织工作的顶尖员工就像志愿者一样。"因为他们可以在很多组织中找到不错的职位，所以在做出选择时，更多是考虑薪水或职位之外的一些不那么具体的理由。甚至他们不需要合同，可能只是一个契约……契约关系激发自由，而不会导致麻痹。契约关系依赖于对创意、问题、价值观、目标和管理流程的共同承诺。像友爱、热情和个人默契这样的字眼，无疑都是与此相关的。契约关系可以满足深层次的需求，可以让工作变得很有意义并带来满足感。

初级的信任是建立在能力与结果上，相信员工能够采取有利于公司的行动。与之相应的是，只有员工相信公司高层管理者能够通过奖金的形式让员工分享他们高效的劳动生产所带来的成果，员工才能获得持续的激励。例如，每位员工都有权查阅其他门店员工的薪资状况。这种管理的透明度使管理者在薪水决策方面必须完全公正，不搞任何偏袒或特殊待遇，因为当员工对薪资分配不满时，有权质疑任何分配不公。同时，由于所有员工薪资状况都是透明的，这就越发激励员工提升自身技能并承担更多工作责任，因为他们可以清楚地看到哪些工作、哪类员工可以获得最丰厚的薪水回报。

事实上，薪酬公开制度仅是信任管理透明的一个方面，这种制度的设立，不仅是因为团队管理在定材料、定价决策等需要财务数据，更是团队信任哲学的透明表现。通常，许多普通公司标准管理方式是将信息保密制度作为控制员工的手段，其实这种做法对于构建相互信任极其不利。

管理者有时候会面对的一个重大挑战是企业违法行为的泛滥，就像我们在新闻中看到的一样。如果说有什么可以损坏信任的话，那就是人们觉得最高层的管理者不正直、没有道德意识。匹兹堡的管理学教授弗雷德里克所做的一项研究发现，有道德的企业要比没有此类标准的企业更常受到外界因素的干扰，关键取决于管理者的状态。

很多时候企业的管理者会存在着底线心态。现如今，商业中的短期思维似乎大范围盛行。对文化和管理的冲击，让越来越多的年轻人觉得除了成功和失败之外，没有了更多的选择，短期思维已经越来越多地改变了人们的思考。信任关系尤其关注和重视这种感受，当人们在这种状态中达成某种平衡时，即使我知道他是错误的、不对的，甚至会伤害自己或组织时，我们会用这种底线思维来"保护他",甚至我们也会把这当成是更高层级的"信任关系"。

动机解锁八：相对公平

随着生产要素的丰富,组织横切几刀划分层级,纵切几刀划分部门,希望用更专业化、精细化、独特化的管理,提升整体组织或团队的效率。愿望当然是好的,但现实中我们面对的困境却是:当很多组织大到一定规模时,分工不但不能提高效率反而成为效率的阻碍,增加了内部沟通和协调的难度。怎样才能打破这种困境?这就需要好好理解一下"相对公平"。如何将我们的层级,尤其是上下级之间的关系转化为"社团关系",也就是这个团队是一个为其他人创造价值而共同努力工作的社团。因为在很多组织中,企业高层表面上常常对员工们说"我们是一起的",而事实上他们的薪酬水平与普通员工相比,存在严重的不平等关系。这种管理模式的结果直接导致了雇员的愤世嫉俗。这里的相对公平目的就是要消除团队成员的这些内心矛盾。组织的成功需要员工每日辛勤地付出,不仅是体力的付出,更需要脑力的付出。

人生的关键不在于机会有限,而在于如何选择。一个好的组织文化就是鼓励员工自主选择。组织本身就应该做一个导师,让每个团队成员反思过去的经历,让员工有权利做与自己相关的决定。

人和人之间的平等,不是指人之差异所致的"相等"或"平均",而是在精神上互相理解、互相尊重,不区别对待地平等享有社会权利与履行义务。

从个体的角度来说,每个个体都想寻求更多的利益,而在实际分配中,利益是有限的,不可能完全满足每个个体的需求,所以公平是所有个体相互妥协的产物。在此过程中,人们肯定希望争取更多的利益,但是从统计结果来看,绝大多数人所获得的最终结果必然是低于期望的,所以人们总会认为对自己不公平。而想要绝对的公平,则因为人们的期望总和远远大于人们实际可以分配的事物总和，所以永远不能达成。

从集体的角度来说，一般平均有两种形式：机会平均——每个人的机会均等，谁更有能力、谁付出更多，就可以获得更多；结果平均——不管前面如何，反正到了最后分配的时候所有人都一样。结果平均的惨剧大家都能料想到，现在世界上所说的基本都是机会平均。然而机会平均真的公平吗？不是的。就像美国大选，谁都可以去——可是实际上呢？人们可以选择的只有那么两三个人罢了——普通人不让参选吗？让啊，但是普通人根本没有足以支持选举的资源（先天条件），没有财团的支持，没有演说的功底，没有从政的经验。机会平均大多数时候不过是给你一个虚无缥缈的梦罢了，它真正起作用的，是在同层次竞争中，并且必须尽量抛却外部条件——比如说你和公司老总的儿子竞争同一个职位，公司老总发话说，我儿子必须凭自己的本事才行。就算这样，也还会有人明里暗里给他提供便利。

公平问题产生的根源有三：其一是稀缺性，其二是每个人的能力、资源有差异，其三是人的欲求总是大于实际。这三个根源任解其一，我们就有望向着绝对的公平靠拢一步，然而看起来这三条中的任何一条似乎都是不可能解决的难题。

对相对公平，我们强调的是"不要去想，而要去看"。历史告诉我们，每一种公平观都有其存在和消亡的理由。任何一种公平观都由于当时能促进生产力的发展而在社会中占主导地位，但随后又由于阻碍生产力的发展而被另一种公平观所取代。

现实中存在的社会公平，实质上是团队中各个阶层彼此之间达到的一种的较长时期的利益均衡，亦即所谓的"合法"，在这一均衡中，保证了组织中大部分人的利益。

动机解锁九：发展空间

发展空间是每个人从进入一个组织开始的一个进步变化之间的距离。无非就是个人或者企业有无拓展空间，业绩上、职位上、薪资上、核心竞争力的提升上是否蒸蒸日上。

发展空间非常重要。男怕入错行，女怕嫁错郎。即使所入职的企业目前条件不算太好，如果发展空间很看好，业务拓展空间大，专业团队很敬业，管理也规范，风气很正，那么就是属于前景广阔、大有平台的地方。

每个人都渴望成功，在大部分人的心里，成功是埋藏在头脑和梦想中的，或者说是潜意识中，只要有合适的机会，这种意识就会转化为动力。

对很多人而言，改变现状是困难的，混乱包围着我们，我们也知道混乱只是开始而不是结束。混乱是活力和势头的源泉。

那么如何才能让员工跳出混乱，找到并抓住这个发展空间？

第一，经营梦想。一个好的组织要有能力创造一个令人信服、可以把人们带入新境界的愿景，并带领人们去实现愿景。一个组织的首要任务是定义战略，并让每一个团队成员相信他们的使命和愿景可以实现。对团队成员而言，责任就是要把愿景变为现实。

第二，拥抱错误。一个好的组织要鼓励团队成员敢于冒险，告诉与自己合作的人，唯一的错误就是什么都不做。失败不是罪过，胸无大志才是罪过。

第三，鼓励反思讨论。我们需要每一个团队成员勇敢说出真话，对组织的意见、想法、建议甚至是不满。一个好的建议通常都需要有反对意见，这样我们的讨论才能更深刻。

第四，鼓励发表不同意见。这是促成反思碰撞在组织层次上的引申。需要周围人持有不同的观点，需要有人唱反调，需要他们说出他们期望的与实际发生的事之间的差别。我们不能容忍的是即使大家知道怎样做是正确的，还是任由领导者去犯错误。

第五，让人们可以预感成功。我们期望所有人能最大限度地发挥自己的潜力。每个人的改变和成长，必须要让他们自己看到自己的进步。这就需要我们确立标准和期望。我们期望的情况是，让那个人自我拓展一点点，但不要让他遭受太多次的失败。

当我们真实地展现自我，我们将开创新的篇章、开创新的行业，也许还将塑造一个全新的组织。如果在你听来这像是一个不可能成为现实的梦，那么请你这样想：展现自我比掩藏自我更加容易，而且也将获得更大的回报。我们要坚定想象自己成功以后的样子，我们拥有比我们自己认为的多得多的能量。

■ 打造一个能够迅速自我调整的组织

未来，唯一确定的是不确定性。未来几十年间，你的组织必将经历前所未有的挑战。面对变化，许多组织或者适应变化，或者犹豫不决，或者主动创新变革，或者被动痛苦挣扎。

今天我们这个时代最鲜明的特征是变化——急剧的变化。一眼看不到底的矛盾，无法轻易预测的风险，迫使我们走一步看一步。行就行，不行，我们就再试试。旧的答案已经分崩离析，新的方法还没有着落。今天摆在我们面前的矛盾是："我们是否能和周围世界同步快速变化。"

不论是公司商业模式的巨变还是组织核心使命的调整，在组织的命运转折点上，我们需要一位领军人物。似乎所有组织的创新和变革都是危机导致的，是短暂的、有计划的，通过一系列自下而上的信息、事件、目标和行为促成。而事实却是，这些所谓的转折点实际上都是因为组织未能及时采取有效措施而造成的——它们实际上是组织无法适应环境变化并及时调整所付出的昂贵代价。

因此，新颖的管理理念并不一定需要豪赌般的实验。虽然解决大问题不一定能够带来"大进步"，但解决小问题通常无法给组织带来显著的发展。要学会从大局思考，小处着手。要在心中牢记两条原则：第一，你不一定需要冒很大的风险来解决大问题；第二，如果问题非常大，任何解决问题的小进步都有价值，有时候不一定非得找到"对策"才行。

我们不难看出，组织需要建立能够持续进行自我调整的能力，就如人体的自适应系统那样：当你踏上跑步机锻炼时，你的心脏将自动为肌肉增加供血；当你在观众面前发言时，你的肾上腺素自动分泌出荷尔蒙，使心跳加速，技能提高；当看到令你心仪的异性时，你的瞳孔会自然放大，以体会视觉享受。"自动的""自发的""条件反射的"，虽然这些词语我们通常不会用来形容组织的变革，但这其中就潜伏着我们最大的挑战——如何将深刻的创新与变革转化为一种组织自适应系统的反应。我们需要组织构建这样的能力：当危机出现时，它能够进行持续的自我调整。

许多因素会导致组织惰性。妨碍组织及时调整与创新的所有障碍中有三项尤为严重：第一，管理团队倾向于否定和忽视组织变革的需要；第二，眼前缺少令人信服的替代方案，故而担心引发战略瘫痪；第三，人才的组织架构阻碍了人力和资金的合理分配。上述任何一项都为组织进行自我调整设置了障碍，因此，都是管理创新的焦点问题。

原则上，任何商业行为在成功之前都可能失败。然而，令人不安的是，很多管理者常常会为"未能成功"而感到惊讶。这种对"未能成功"的惊讶、这种对环境巨变认识的迟缓，导致变革行为的拖延。人们常遵循这一个熟悉模式："拒绝"潜在机会，然后"理性"地将潜在机会当成是异常的、不可改变的；继而采取防御型措施勉强减少错误；最后，虽然不总是这样，但只能选择坦然面对。

管理创新遵循幂律分布规律：每1000个新奇古怪的想法中，只有100个创意值得去尝试；这100个创意中，仅有10个项目值得大力投资；而在这10个项目中，仅有2—3个项目最终能成为财富之源。和组织的创新变革的幼苗一样，我们不可能提前知道哪一颗种子会破土发芽，而哪一颗不能。管理者必须像风险投资家一样，对一些选择进行组合，并且必须抵制过早地将投资集中于一两个"必然成功"的项目中的诱惑。

有时候，组织的发展失败并不是因为缺少备选方案，而是组织缺乏资源分配的柔性。在大部分公司里，管理者权力大小与他所能管理控制的资源数量直接相关，这就意味着，如果管理者失去了资源，就失去了原先的地位与影响力。管理者个人的成败往往单一地取决于他所管理的部门或项目的绩效。

是让组织发展之火燃烧还是成为未来的囚徒，是获利还是破产，这些都取决于管理者的行为选择。

■ 培养人才才是管理的关键

企业发展战略的制定，组织管理效能的提高，技术水平的进步和创新，企业经营策略的制定、实施、调整，以及企业文化的建立和完善，等等，哪一样都离不开优秀的人才。如果把企业比作一棵树，人才就是这棵树的根基和枝干，没有人才的滋养和支撑，企业这棵树不仅不能直插云天傲视丛林，还可能干枯而死。

人才的搜罗、培养和任用，是每一个管理者必备的才能。须知，再优秀、再精力充沛的管理者也不可能事必躬亲，活跃在各条战线、承担着各项工作的各种类型的人才，就成为管理者赖以安身立命的根基和法宝。

适合的就是最佳人选

人才是企业之本，具有重要的战略地位。历史上由于知人善任而拥有一支强大的队伍，从一穷二白到发展壮大的不乏其人，比较典型的就属刘邦了。刘邦出身普通百姓，毫无政治背景，势单力薄，可就是因为他善于识人用人，任用了张良、韩信、萧何等一大批文武人才，最后夺取天下，建立了西汉王朝。由此可见人才的重要性。相反，出身贵族官宦之家的项羽，靠关山坚固、势力雄厚，可惜他不善用人，最后只好演出了一场霸王别姬的悲剧。

杰克·韦尔奇之所以声誉显赫，就是因为他会生产"人才"。让合适的人做合适的事，远比开发一项新战略更重要。即使你的企业有世界上最好的策略，但是如果没有合适的人去发展、去实现，这些策略最终也只能光开花，不结果。

"适合"这两个字很重要，适合的公司，适合的岗位，招聘适合的人。水平太高了，不见得就合用，只要人品好、肯苦干，技术和经验是可以学到的，所谓员工个人绩效=能力×动机。在这样的企业里，人才能得到充分的尊重和认同，大家都在向"最好努力"，这样的企业能不欣欣向荣吗？

挑选合适的人是管理者非常重要的职责，管理者所能做的就是把赌注压在所选择的人身上。

公司用人的四点忠告：

1．"活力曲线"。一个组织中，必有20%的人是最好的，70%的人是中间状态的，10%的人是最差的。这是一个动态的曲线，作为一个合格的管理者，必须随时掌握那20%和10%里面的人的姓名和职位，了解他们的工作状态，以便做出应对措施。

2．因才施用。即把最合适的人放在最合适的岗位。按照能力的大小给予相应的职能权力，使他们充分发挥自己的才干。如果违背这一法则，就是将一个障碍物放在企业成功的道路上。

3．竞争机制。只有在竞争的环境中人才的潜力才会被激发出来，企业才会不断地创新，才能拥有持久的竞争力。

4．内部转岗。建立良性互动的内部人才流动机制，允许员工内部"跳槽"、申请调整岗位，则有重新录取，使员工都能得到合理的安排。

注重核心团队的打造和培养

团队要想发展，就必须不断有优秀的人才出现，如何挑选能够超越自己的接班人就成为管理者必须思考的问题。

怎么能够让整个组织往前走？

关键就是你怎么能够把团队不断搭建起来。

回看很多优秀的企业，它们之所以优秀并且持续成长，就是因为一直有一组人对目标能够理解、能够执行、能够落地，最后完成，这组人便是核心团队。构建高效的核心团队，是创始人最重要也是最难的职责。企业一定要有一支高效的核心团队，这样才能真正让事业可持续发展。

企业在发展到一定阶段，特别是外部因素对企业绩效产生影响的时候，企业领导人最核心的任务，就是打造公司的核心团队。

如果没有核心团队，仅仅依靠企业家自己一个人的能力和视野，是无法驾驭今天这样动荡的环境的。在组织体系里，打造核心团队一直都是一个需要耐心、需要投入，并需要规划的工作。

如何能够有效地完成这项工作？首先需要从最核心的部分出发，即打造核心团队最关键的部分：让核心团队成员具有真正共识的基础。

公司运作模式从现在到未来的改变是从"一棵大树"到"一片森林"的改变，这很形象。首先我们要认真总结，我们是如何种好一棵大树的，让历史的延长线给我们启发，如何去种好一片森林。

"一片森林"顶着公司共同的价值观；下面是共同的平台支撑，就像一片土地，种着各种庄稼；中间是差异化业务系统。

共同的价值观，是共同发展的基础；有了共同发展的基本认知，才可能针对业务特点展开差异化的管理；共同的平台支撑，是我们在差异化的业务管理下，守护共同价值观的保障。"天"和"地"是守护共同价值的统治，中间业务的差异化是促进业务有效增长的分治。

因为今天企业的大部分管理者可能还要同时兼做经理人，所以对于如何打造高效核心团队的这一项修炼，就是陪同核心团队工作一段时间。

这是非常关键的，你一定要陪同核心团队工作一段时间。虽然你已经授权给核心团队，但是你作为团队的一个成员，也要参与一段时间。只有你陪同他们工作一段时间，这个团队才可以真正建起来，因为管理本身其实就是共同工作的过程。

我个人认为如果你真的要培养一个好团队，估计要用两个三年：

第一个三年，形成共同工作习惯与绩效结果。

你要帮助他们把绩效做出来，有绩效证明的团队才能够真正成为核心团队。

第二个三年，形成共同的目的与目标。

这个时候公司的目的与目标是由核心团队成员共同提出的，并把这些目标和目的转化为工作成果。共同目的是共同价值追求的体现，能够驾驭个人的绩效追求，因此也需要更长的时间来形成，所以打造团队要有耐心，这是不能太着急的事情，你一定要花这个时间来做。

只有把核心团队打造出来，你才会发现不断成长的目标会有人来承担，企业会不断地进步，你就可以有时间去做重要的事情，去做团队成员无法做而你必须去做的事情。

所以说，企业发展中最重要的一件事情，就是建团队。而核心团队的打造，一定是在企业的运行中形成的，一定不是一个人，而是要和一组人共同来完成。

核心团队的沉淀是熬出来的

如果你有机会选一些职业经理人，除了关心他的能力和努力，你更关心的是什么？毫无疑问是他的心智对公司这件事的接受程度。如果一个人持续在offer的条件和薪酬上纠结，那么大概率他不是你要的人，因为他对不确定性的容忍度太低。而通常管理者对不确定性和风险性的容忍度是非常高的，他们能够在这种状态中创造出一些别人创造不出来的东西。

绝大部分人只是把原来的东西做好一点，但创业者可以把原来没有的东西创造出来。

除此之外，从岗位选择的角度来看，相比产品运营销售这一类的岗位，专业化的岗位更适合从外部聘请职业经理人。原因有二：其一因为产品运营这类岗位需要有文化积累的过程，产品销售的岗位则是仁者见仁，智者见智，因此空降进来的人容易被说三道四；其二因为专业性的岗位基本不需要涉及人际层面上的问题，而产品运营销售类的岗位，需要人与人之间协作的工作很多，因此也不容易融入。

如果你是一名管理者，每过一两年、两三年，你都要问问自己：我的机制能不能帮我在业务上前进的同时，每一两年都能帮我沉淀出一两个未来三五年的核心人才？这些干部需要从早期培养，比如马云的风清扬班，每年组织都需要有一两个人成为种子，到这个班进行培养。因此，你的责任很大一部分在于能否断事用人，能否给那些心智和思维模式比较好的人提供成长的路径和空间。个体优秀的人，一定是理想主义和现实主义高度结合的人。你要用心甄别出既能清醒地认识到现实残酷性，又具备长远理想和人文情怀的人，并与他建立深层的连接与信任。在取舍选择的时候，一定记得该"杀"的"杀"，这是丛林法则的自然体现。每年3月，阿里会组织一场重大的活动，由马云带领大家花费一到两周的时间来盘点组织策略和人才能否支撑公司的战略和业务运营。在此期间，阿里会做出重大的人员和结构调整。

总之，团队一定要不停地蝶变、迭代、进出，如此三五年后才能打造出一个全新的、融合了不同背景人才的团队。最终，核心团队的沉淀都是熬出来的。

不拘一格用人才

要做到求贤若渴，必定要视野开阔，广泛察人、选人、用人。证明一个管理者会用人的表现，就是他能否用人不拘一格，千变万化，因人而用。反之，证明一个管理者不会用人的表现，就是他用人拘于一格，没有什么变化，死气沉沉。

龚自珍曾说："我劝天公重抖擞，不拘一格降人才。"可是，如果管理者用人拘于一格，老天"不拘一格降人才"又有什么用呢！高明的管理者尤其要善于使用冒尖的人才或天才。有人说，"人才源于胆量"，是有一定道理的。假如大胆地任用下属，他可能就会成为大才；反之，就会抹杀一个人才的出现机会。

世俗认为，"出头椽子先烂""枪打出头鸟""人怕出名猪怕壮"，所以，一般人才的下场都很不好。但是要成就大业就必须大胆使用人才。用人的成功，在很大程度上取决于管理者是否树立了鼓励冒尖的良好风气。

人生不可能永远顺风顺水，有时候，成绩也不全是实力的反映。看你是否选准人才，还要看你的修养和心态如何。如果你选择了不拘一格用人才，那么，更大的荣耀就在你前进的不远处。

事实上，拘于一格，不敢大胆用人、灵活用人的管理者比比皆是。他们的做法，往往使得人才无法冒尖、无法尽其所能，间接地使企业失去生机、失去竞争力。

要想避免失败、避免成为企业衰退的罪人，管理者必须放弃保守的观念，大胆用人、灵活用人、不拘一格地用人。

所谓用人以胆，就是大胆地选用人才，不拘一格。人才从来都是培养而成的。对他们应当放手使用，使之冲上云霄，战斗风雨；办事情完全在于用的人才，而用的人才全在于冲破原有的格局。用人的原则：对立下大功的人不要寻求其细小的毛病；对忠心耿耿的人不要寻找其细微的过错；提升的快慢，不要仅凭一个依据；如果其才能可以起作用，就要不限资历，越级提拔。

及时起用，不可拖延，尽快把他们提拔到关键的工作岗位上，造成既定的事实，使热衷于造谣中伤的小人在企业中无法得逞，自感没趣，只得偃旗息鼓，草草收兵。大胆使用，不可怯弱，有胆识的管理者就应该意识到，天才最需要得到管理者的有力支援，选择合适的场合，向全体成员宣传人才的作用。

身为管理者你要清楚谁才会变成你，谁才会给你有力的支持，要想成功，就非这样做不成！因此，所谓"不拘一格"的关键是要企业管理者冲破陈旧观念的藩篱，融入现代企业"寓杂多于统一"的最高用人原则，力戒排除异己、唯亲是用，而应该以企业利益为重，因事设人，因材而用。

第八篇

动态团队管理

管理不是最佳实践的简单模仿，而是重新持续创新的体系，以便组织获得长期持续性发展。

——艾里克·贝霍克

■ 投石问路，轻推渐进

没有人知道团队未来会遇到什么风险或困难，极有可能会面临一系列全新的挑战。从这一点上讲，管理者必须要做到未雨绸缪，不能按图索骥，除了随机应变，别无选择。

这就意味着管理者在团队管理过程中要想方设法投石问路，审时度势，谨慎小心地逐渐推进自己的努力。管理者的目标，从来没有锁定在用醍醐灌顶的顿悟、鼓舞人心的话语，或是坚决果断的行动来解决问题。与那些试图一语道破、一招制敌的做法相反，管理者寻找处理问题、解决问题的各种途径。

团队目前处在什么状态？团队成员对目标的态度如何？团队中是否有明显的反对意见？团队中的矛盾群体会制造多大的反对声音？

管理者首先考虑的原则就是谨慎。正像我们所看到的那样，管理者不希望把自己的全部财富都取出来做什么孤注一掷的豪赌，危及自己的前途或声誉。

其次管理者思考的焦点在于是否可以预测。光靠这些意愿是不够的，我们必须考虑将来，想象一两种可能性出来。但事情真的发展到最后，可能会出现千奇百怪的结果。就像莎士比亚在《哈姆雷特》中所描写的："天上地下有很多事，在你的哲学想象之外。"

莎士比亚的话太过于耳熟能详，听多了反而让我们很容易忽视他的真实和有力。在意外与偶然多如牛毛的这种变幻莫测的情境中，所谓挑战，通常不是攻击或击中目标，而是定位目标之所在。

在一组管理做法后，你的团队会从初始的状态进行调整，很多成员上移、右移，也可能下移、左移，他们来到了新的位置。随着时间、环境、事件、团队、目标、矛盾的变化，当新的挑战来临，新的管理做法来临，他们会从现状的位置，也就是"新的"位置接着变化，他们不会回到从前。团队就是这样连续、渐进、变化地发展的。

管理者渐渐就对团队的来龙去脉、需要避免的危险伤害以及可以利用的机会有了感觉或者理解。你们依靠的不是传统的问题求解的模式，而是一种行动—学习—再行动—再学习的方法。

所有这些投石问路、审时度势和细致观察加在一起，能得到什么样的结果呢？一些批评家总是抱怨部分管理者并没有施行领导之道，因为管理者非但没有解决问题，而是搬弄是非，还进行了低劣的暗中监视活动。

在不断变化的环境中，只有对团队的发展状态有一个大体的掌控，你的管理行为才能发挥应有的价值和作用，你的管理想法才能得以实现。

逐渐推进是团队管理的标志。很多时候管理者只能把管理的视角聚焦于一个维度，只考虑了其中的一个部分，忽略了整体的变化，尤其是对负面因素的考量。管理者必须保证团队始终在可控的轨道上。通过逐渐推进，给团队的发展留有一定的余地——给自己、团队、业绩、目标、矛盾一定的空间。这就像是那个古老的哲学难题，这个难题被称为"芝诺悖论"，它的结论是某个人无法从一个地方移动到另一个地方。芝诺的推论是这样的：在某个人从A点移动到B点之前，他必须走完A到B之间距离的一半路程，而且，在他接着走完到B的另一半路程之前，他必须走完一半路程的一半，就这么一半又一半地走下去。

在达到你对团队的中长期目标之前，你先要规划一个小目标，或者说是阶段性目标，在每走一步后，管理者要停下来，对自己所做的管理行为进行反思，然后考虑下一步的管理动作。管理者和哲学家芝诺之间的区别是：管理者实际上到达了某个目的地，混乱的管理行为停止了，管理行为变得更加有节奏和逻辑。

团队的管理之道就像是在一家奇怪的剧院里排演一部话剧，故事的主人公出自一个尚未完成的脚本，几个编剧正在为下一幕会演什么而争论不休，没有人知道故事将如何结尾。在这种情况下，管理之道应该是一个长期的学习、适应和随机应变的过程。它意味着设身处地地面对一个问题并努力解决问题。

投石问路、审时度势和逐渐推进，往往是最好和最快的改变团队的方法，不要总想着一步到位，过度发展、过于简单或者是过于复杂的管理，很多时候是不被员工所接受的，管理者要学会谨慎地、警觉地、敏感地采取行动，尽量避免采取过于强硬的立场。管理的方法其实很多，不要被头脑禁锢了。

■ 多种手段，连续管理

管理决策常被定位为识别和解决问题的过程。而管理决策的方式是多种多样的，结果也会千差万别。决策时的犹豫不决、有意或无意的拖延，常会降低决策的效率。在犹豫不决时，往往是我们缺乏管理思路的时候，这时找准问题和原因，才能对症下药，着手改进。在案例统计和分析时，我们细分了非常多的维度，对待不同区域的人、不同动机水平的人、不同能力的人，都会出现不同的效果。管理可以是粗放的，当然也可以是精细的、多样的。对一个好的管理者而言，往往最容易想到的方法，管理效果是相对较差的。这就要求管理者在做决定的时候，扩展自己的视角，丰富自己的管理手段，这才是验证管理能力高低的一个标准。

连续管理的第一项基本原则：以终为始

实现目标就是成功，而目标一旦被锁定，就要密切关注每一个管理行为的细微变化，锁定关键行为，接下来匹配辅助行为，保持管理行为的一致性，保证这一组管理做法的效果。在连续管理中第一组管理行为最为重要，对后续的管理行为有巨大的加成效果。假如最终的目标是高业绩团队，在第一组管理行为中，如果有高绩效的单一行为，就以某一个管理行为为主，选择恰当的辅助管理行为，力争第一组管理行为就要做到高业绩团队；如果没有一个高业绩的管理行为，我们就要以稳定管理行为为主，至少要保证业绩在50以上。一旦第一组的管理效果不好，后续的管理目标将极难实现。很多时候结果不是最后才产生的，当你的第一个管理举措发生的时候，后期的结果其实是可以预见的。

一个公司的组织、目标、优点、企业特色等，常是管理阶层经过不断讨论分析得来的结果。有的时候经验会帮助我们获得常规的思路，但"远见"仍是组织发展的关键。

管理就像是"下棋"一样，平庸之辈往往只能看到眼前一两步，而高明的棋手则能看出五六步甚至更多。能处处留心，比别人看得更远，这样的团队决策才可能符合团队的发展要求。

连续管理的第二项基本原则：正向原则

团队都是由人组成的，只有你的管理做法和员工的心里想法一致，甚至更高的时候，你的团队才会被激励。正向原则是一种感觉，管理者要分析问题内在的本质，判断事务的发展方向，然后敏锐、果断地做出决定，使自己领先员工的意识和想法，抓住机会获得成功。

正向管理是一种方向、一种手段，是团队长期发展的基石。管理者要有先见之明，不管是取得阶段性的成功，还是遭遇挫折，管理者都要坚持这一信仰和原则。

有时候团队管理就像有戏剧效果一般，当你走运的时候，好事会一件接着一件。团队管理的难点就在于帮助团队成员建立信仰、努力和眼光。自信给团队成员勇气，好消息又会给团队成员更多的动力。

把握现在就是创造未来。毕竟，企业环境是人所造成的，也须受人为因素的影响，优秀的企业甚至能改变未来，最终造福社会。超越数字表格的结果，看向更远的未来，坚持一切对企业真正有益的管理行为。

连续管理的第三项基本原则：团队原则

管理者的任何一个决策对团队的影响是怎么强调也不会过分的，管理行为对员工的重要性更是不言而喻，这也解释了为什么管理者常被称为决策者。

一个管理者在管理行为决策中所做的一切，几乎同时就被所有的下属所周知，这对他的下属而言是显而易见的。管理者的管理决策无时无刻不在发生，这不是什么大不了的事情，在不经意间，管理者已经做过成千上万次了。很多时候，他们自己甚至都不会认为这是需要讨论或思考的。当他们真正静下来思考的时候，都是他们遇到困境，按照常规经验不能解决或者是处于两难境地的时候。不过，即便一个决策很容易做出，或管理者以前已经遇到过许多次，它依然是一个决策。

当企业面临较少的竞争并处理容易解决的问题时，管理者一般使用理性方法做决策。但当问题需要快速给予反应时，管理者经常无法遵从理想的决策程序。时间压力、内外部因素的干扰都会影响决策，许多问题的模糊定义性质使系统的分析实际上并不现实。管理者只有有限的时间、精力，不可能评价每个目标、问题和可选方案。理性决策的尝试被许多问题的无限复杂性所限制。

这就需要管理者在有限理性的环境中做出决策，个人使用经验或者判断而不是程序的逻辑或者清晰的推理做决策。一个管理者基于处理组织中问题的长期经验，使用直觉决策将更快地认识、理解问题，并产生解决方案的预感或知觉，这将使决策过程得以加速。

有时企业经营就像"赌场"，管理者会产生"赌一把""博一下"的赌徒心理，管理行为会比较随意或者过于冒险。在团队管理中，越是强势的管理行为，向下走、向左走的趋势就越明显，尤其是（1，1）员工，在这种强势的管理行为中，通常都会被淘汰。团队发展的一个潜在目标是精英化团队，留住更多的团队成员，而不是个别人。这就要求管理者不要一味地强化某一种管理手段，连续、固定的管理行为的使用，将使管理效果慢慢下降。

为了让更多的团队成员伴随着组织一同成长，这就要求管理者要学会聚焦负向矛盾群体，不仅仅是聚焦正向精英群体。在企业中经常会遇到这种情况：新的意见和想法一提出，必定会有反对者。其中有对新意见不甚了解的人，也有为反对而反对的人。一片反对声中，管理者犹如鹤立鸡群，陷入孤立之境。管理者不要害怕被孤立。对不了解情况的人，要怀着热忱、耐心向他说明道理，使反对者变成赞成者；对为反对而反对的人，任你怎么说，恐怕他们也不会改变，那么就干脆不要寄希望于他们的赞同。

重要的是你的提议和决策是对的，只要真理在握，就应该坚决地贯彻下去。管理决策不可能由大多数人来做出。多数人的意见是要听的，要激励和培养更多的团队成员成长；但做出决策的，是管理者一个人。

连续管理的第四项基本原则：聚焦原则

成功的管理者是不会墨守成规的，他们知道敏锐的洞察力和快速的反应能力是团队管理的关键。许多人在做决策时往往只凭经验，不去想想环境发生了什么变化。他们会凭几年前的失败经验告诉你："老兄，几年前我就这么做了，根本行不通。"他们没有意识到，几年后情况发生了变化，以前不适合的做法现在没准恰逢其时。

因此，每当你做出新决策前，千万不能犯墨守成规的错误。不要以为你以前失败过现在还会失败，也不要认为你以前成功过现在还会成功。

团队的发展很有意思，我们本次的案例都是（1，1）至（5，5）平均分配的绩效状态，伴随着第一轮的管理做法，团队会发生改变，通常暗含着管理者的某种理念，例如以能力为主的提升，以员工绩效上移为主；到了第二轮会切换成以动机为主的激励模式，以员工绩效右移为主；等到两轮之后，除了被淘汰的（1，1）状态的员工，动机和能力为1的员工基本都没有了，这就意味着你就不用考虑这部分人的负面反应，个别"强势的、刚性的"管理行为就会发挥更大的作用。当然如果还有继续，你的团队将越来越"聚焦"，管理行为的有效性将越来越强，你的团队将牢牢掌控在管理者的手中。

让数据变成生产力

要想在运动中取胜，你就必须激烈地锻炼；但你运动只是为了开心，所以何必这么认真呢？

——C.S.刘易斯（C.S.Lewis）

管理者通常有一个共同点：专注于分数。数字、等级、量化数据，这一切都是我们用来评估事务当前状态的工具。它们让我们知道在现场、在办公室里以及在业务上发生了什么。

这些量化数据很重要。一张精心选择了关键绩效指标的平衡得当的计分板可以强化整体战略，并让行为与目标保持一致。我们需要它们，而且无论你是否喜欢，它们都不会消失。但这些评判方式也可能成为管理中的陷阱。

假设你去看病，说你的血压高。医生开了一张药方，提醒你改善饮食、加强锻炼。如果你想要健康起来，那么在离开医生的办公室以后应该怎么做呢？

你可能会去药房买药，然后回家。等到家以后，你会评估一下家中的食物，接着制订一张包含了全麦、瘦肉和蔬菜的食物清单。你可能还会出门走走，开始每日锻炼。

但是假如你在离开医生的办公室后，先去医疗用品商店买了一支血压计，随后回到家，开始每15分钟就给自己量一次。你的血压依然很高，于是你感到压力很大，你觉得必须要所有改善！接着你开始每过10分钟就量一次血压，结果只能让血压越来越高。

可能任何一个理智的人都不会这样量血压，不过当情况变成领导一支业务团队时，我们却总能看到这样做的管理人员。他们之所以会把注意力放在分数上，是因为弄错了这些数字所代表的真正含义。

你的血压读数并不等于你的血压。这一读数是屏幕上显示的一系列数字，告诉你身体内正在发生什么。这是健康状态的指标，但并不是健康状态本身。

如果你在执法部门，那么犯罪率就是公共安全的一种指标，但并非公共安全本身。如果你在销售部门，那么每个顾客的平均销售额是你与顾客之间关系的一种指标，但非关系本身。如果你在客户服务部门，那么你的服务评价就是指标，但并非服务本身。

无论你在公司中采取什么样的评价标准，都必须理解这一点：

量化结果并不等于你做了什么；量化结果代表你做了什么。

用数字来推动团队，而不是淹没团队

你可以用下面的4种方法来有效地运用数据：

1. 认清重点

你的分数并不是真正的重点。它们的存在时为了帮助你和你的主管做出决定，但分数本身并不重要。真正重要的是什么呢？世界上并不存在一个万能的答案。

在团队之外的任何人或者你的领导都不会关心你的排名是多少、你距离目标还有多远或者你得到的评级如何。

他们只关心他们的结果。你的团队就是为了实现这些结果而存在的。这些结果，即你为顾客或客户做的事情，才是重点。我相信，如果专注于最重

要的东西，你的成绩也能不同凡响。

2．认清能产生真正结果的关键行为

如果你想要降低高血压，就应当认清一些关键行为：吃药、合理膳食、锻炼。类似地，也存在一系列核心行为，让你的团队实现成果并长时间保持下去。

如果你是客户服务呼叫中心的主管，那么你的关键行为可能就包括：

· 每天召开团队例会，互相通气和交流；

· 接听电话，并提供平衡得当的业绩反馈；

· 帮忙解决最棘手的客户投诉。

如果你是个便利店的零售经理，那么你的关键行为可能就包括：

· 保持充足库存；

· 确保店面干净整洁；

· 不要让排队的顾客超过三人。

不管做什么业务，总有一些关键行为能推动有意义的结果。你了解自己的关键行为吗？这是一个至关重要的步骤。如果你不清楚什么能推动成功，那么就不太可能赢，更不太可能赢得漂亮了。

3．选择合适的辅助行为

作为管理者，你要掌控团队的节奏。只要你控制好时间，把每个员工都定位在真正重要的事情上面，那么他们就能做好分内的工作。

在掌握团队节奏时，强调关键行为的同时，我们还要选择合适的辅助行为，一方面保证关键行为的有效性；另一方面弱化关键行为的负向作用。"我们要这样做才能成功，我们要做到A、B和C。"如果说A是关键行为，B和C就是辅助管理行为。管理者的每一次信息传递——在团队会议中、一对一的会谈中或者电子邮件中——一切都必须强调这些核心行为。

在讨论量化指标时，也要结合辅助行为来表达。例如，"当我们每天都能做到B、C时，就能进入排行榜的前10%。我们的收益将足以为客户提供良好的服务，这样我们的A就有机会增长15%以上。"

4．在适当的周期检查分数

你应该多久检查一次量化指标？答案是：只要足以知晓事态动向即可，不必过于频繁。

换句话说，在这取决于你在做什么。

如果你正在努力降低血压，那么每天检查一次都嫌多了。某一天的读数并不能告诉你什么信息。每个月量一次或许会比较合适，因为这是一种长时间的趋势，对你来说才有意义。

然而，如果你正在高速公路上驾驶一辆敞篷跑车，那么可能就需要不时地瞄一眼时速表，确保自己不会吃罚单。

对业务而言，合理的准则应该考虑到实施一项改动时，需要多久时间才能看到结果。如果你今天改了什么，能在一天之内看到结果吗？一周呢，一个月呢，还是要半年？

不同业务的时间框架是不一样的。通常而言，你查看分数的频率应该足以在发生变化时确认积极的结果或者找出存在的问题，不必过于频繁。

■ 释放追随者的潜能

无论在何种组织环境下，管理者运用的管理原则基本上是相同的，但他们的执行方式却因组织环境的不同而不同。也就是说，管理能力的执行因环境的不同而不同。

执行是使事情得以完成的关键。作为一名管理者，你必须参与执行过程，不能将所有的执行任务都授权给其他人。执行者必须理解到你不仅自己对执行是非常重视的，并且也希望他们能同样重视。你的执行方式将会随环境的不同而不同。

在正常情况下，管理者应该抓住已经为变革做好准备的机会更快地采取行动，而不是尝试面对那些明知将会遇到更大阻力的领域，尽管往后这些障碍领域可能会对变革更具建设性意义。

在危机时刻，你的领导类型必须专一且明确。危机会产生一种紧迫感，使变革可能更加难以实现，特别是和那些所谓的正常情形相比。危机产生了不同寻常的机会，例如：当你穿越刀山火海的时候，会发现你的团队中谁才是可以信赖的。

在危机中领导你的追随者

遇到困境，管理者必须走在追随者的前面，在未能获得一致同意的情况下做出困难的决策，甚至有时候为了解决组织面临的威胁而不加解释地做出决策。

在面临困难时，你必须毫不犹豫地控制局面，并且做出能够改变环境的艰难抉择。你的长期目标可能是让组织的关键管理人员达成一致意见。但是，这可能需要等到你确信问题已经解决之后才可行。

管理者的最终目标就是释放追随者的潜能。这不仅有利于追随者的发展，还有利于整个组织的发展。

管理者通过发现追随者的目标、愿望和需求，以及使他们相信管理者真的在试图帮助他们实现这些愿望来动员他们。与此同时，为了实现组织的目标，管理者必须在追随者的个人目标和组织的总体目标之间建立联系。

要想获得成功，管理者需要追随者，人们会追随那些能够发现他们表达和未表达的目标和愿望的管理者，并且相信这样的管理者能够帮助自己实现那些愿望。追随者的目标可能会由于组织环境的不同而不同。

在管理的过程中，如果不想承担管理目标未实现的失败风险，管理者就不能过于超前于员工。管理者经常需要进行超前的思考，但是，员工必须要跟上领导者的步伐，这样他们才会理解发生了什么事情以及为什么会这样——否则，管理者可能将面临管理目标和员工预期脱节的困境。

组织环境影响你向你的追随者展示多少自己的愿景。在目标面前，你可以告诉员工你对更加美好的未来的愿景，这样就可以重新树立员工们的信心。毕竟，你是管理者，他们应该理解他们要跟随你的管理。

管理者必须将他的管理目标和整个组织进行沟通与交流——最理想的是和每个人亲自沟通与交流；如果不可行的话，至少也应亲自书写文档与大家沟通和交流——因为沟通和交流对一个组织的有效运作是非常关键的。

在任何组织环境中，如果你希望使组织向前发展，你就必须告诉每个人你将带领他们到哪里去。最好的方式就是尽可能亲自和每个人沟通。你也可以在大型会议上告诉员工，如果不能使所有员工参加会议，可以使用电话会议等手段。如果电话会议不能确保每个人都接收到，那可以给所有人发送电子邮件。不要忘记，公司的时事通讯也是一种渠道。

无论你使用什么渠道，都应该避免陈词滥调。

作为一名管理者，你是组织权威的象征。这是事实，无论你处于何种组织环境中。但是，你和你的追随者之间的关系会随着环境的不同而有微妙的差异。需要注意的是：追随者会将你摆在一个更高的位置上，因此你的行为必须与之相符。

在大部分的组织环境当中，领导力是绩效差异的主要原因。人们认为公式、灵活的市场营销模式、争当第一、先进的管理工具和程序，比如六西格玛等，是组织区别于其他组织的关键因素。这些因素固然重要，但是，领导力本身才是成功组织区别于失败组织的关键因素。一个拥有优秀员工但是没有有效管理的组织在执行战略计划的过程中是障碍重重的。